lonely 🌐 planet

DE CERCA
ATENAS

Alexis Averbuck

Sumario

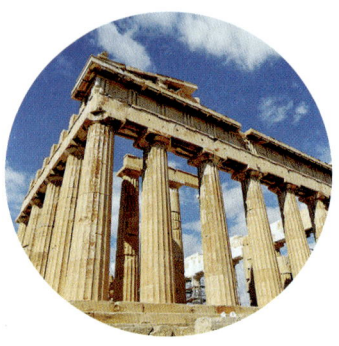

Arriba: Partenón (p. 43).
Abajo: Monastiraki (p. 59) y la Acrópolis (p. 40).

Puesta a punto 4

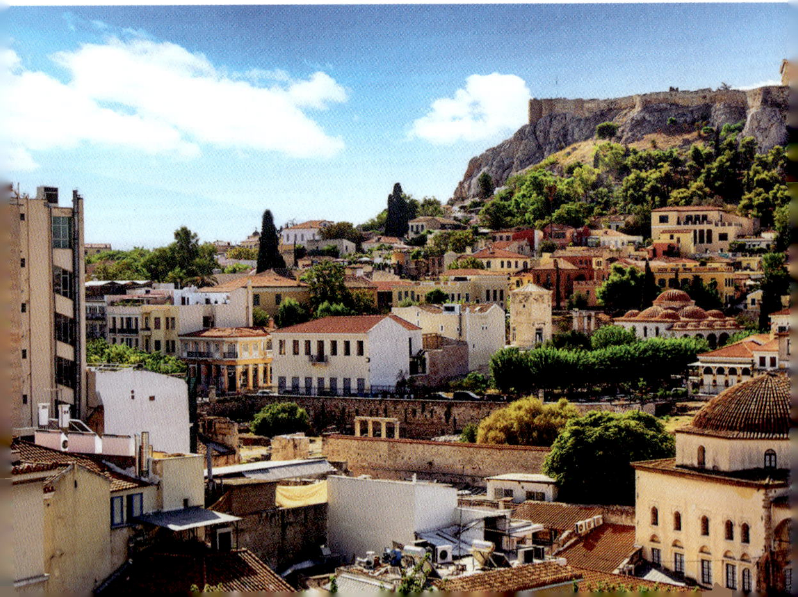

El viaje empieza aquí

Me encanta Atenas a primera hora de la mañana cuando salgo a pasear. Reina la calma, las tiendas empiezan a levantar la persiana, las vistas están despejadas y sopla aire fresco. A medida que la temperatura aumenta, y con ella el ajetreo, me doy una vuelta por sus elegantes museos, sus palpitantes calles comerciales y sus exuberantes oasis verdes, todo ello tendido en torno a esa sugerente centinela: la Acrópolis. Cuando cae la noche, las calles vuelven a animarse, y es hora de escoger entre animados cafés-bares y comidas económicas o restaurantes de talla mundial.

Alexis Averbuck

alexisaverbuck.com

Alexis pinta y escribe sobre sus aventuras –desde vivir un año en la Antártida a cruzar el Pacífico en un velero– para Lonely Planet, National Geographic UK y otros medios internacionales.

Yiasemi (p. 81), Plaka.

TITO SLACK/SHUTTERSTOCK ©

LO MEJOR

Comer y beber vino

Comer, beber y charlar son los pasatiempos preferidos de los atenienses. La vigorosa oferta gastronómica propone productos frescos e ingredientes regionales. Si a ello se añade la sana costumbre de comer al fresco, no es de extrañar que las comidas se alarguen horas.

Descubrir el **mercado central** (foto) antes de almorzar en la charcutería **Karamanlidika tou Fani.** (p. 73)

Disfrutar de comidas veganas en restaurantes de Koukaki como **Mama Tierra,** y aprender a preparar platos vegetarianos griegos en **Soybird.** (p. 53)

Probar exquisiteces recién horneadas paseando por las plazas de Pangrati, y luego cenar alta cocina en **Mavro Provato** o **Soil.** (p. 121)

Acompañar especialidades griegas con música local en directo en **Perivoli tou Ouranou o Stamatopoulos.** (p. 89)

Mezclar comida callejera con arte urbano en las **antiguas cocheras de tranvías** en Gazi durante el **Athens Street Food Festival.** (p. 166; foto)

Catar vinos griegos en las aledañas **bodegas del Ática** y probar caldos de nueva ola con los productores. (p. 176)

LO MEJOR

Experiencias nocturnas

En Atenas la mayoría de cafés-bares transitan del café a las copas, con posible música y DJ por la noche. También suelen servir comida. Basta con escoger un barrio y allí empezar la ruta de copeo.

Salir de fiesta por bares de azotea como **GB Roof Garden** y **Couleur Locale,** donde la Acrópolis casi se puede tocar. (pp. 74 y 92)

Perderse alegremente por las calles de Psiri y Monastiraki en bares como **TAF** y **Norman.** (p. 70)

Relajarse a la manera de Pangrati en el **Chelsea Hotel,** leyendo de día y tomando un cóctel de noche. (p. 120)

Descubrir un espacio de antaño, escondido en unas galerías comerciales de Syntagma: probar en **Galaxy Bar** o en el cercano **Bartesera.** (pp. 86 y 91)

Ir del **Blue Parrot** de Metaxourgio a los bares de Gazi, como **MoMix** y **BeQqueer.** (p. 169)

Callejear por Plateia Agia Irini, desde el **Six d.o.g.s.** (foto) hasta el refulgente **Noel** y el bohemio **Booze Cooperativa.** (p. 70)

Dcha.: Noel (p. 70).

LO MEJOR

Monumentos

Sin duda, el principal reclamo de Atenas son sus ruinas antiguas y sus muchos, muchísimos rincones sagrados. Al rascar en la superficie de cualquier calle, aparecen vestigios de culturas pretéritas.

Disfrutar de la **Acrópolis,** con sus laderas donde nació el teatro y su monte coronado por un templo. (p. 40; foto)

Descubrir el corazón cívico de la antigua Atenas en el **Ágora antigua,** el centro de la vida comercial, política y social. (p. 62)

Contemplar ruinas romanas y la Acrópolis desde la **colina de Filopapo,** y bajar hasta la **iglesia de Agios Dimitrios Loumbardiaris.** (p. 145)

Ver de dónde salía la procesión de las Panateneas en **Kerameikos,** el antiguo cementerio de Atenas. (p. 158)

Contemplar las columnas colosales del **templo de Zeus Olímpico** junto al **Arco de Adriano** (foto), a unos pasos del **estadio Panatenaico.** (p. 119)

Bajar por la bonita Riviera de Atenas hasta el **templo de Poseidón en Sunio.** (p. 174)

Dcha.: templo de Poseidón en Sunio (p. 174).

LO MEJOR

Museos

Grandes museos acompañan muchos yacimientos antiguos, claro que sí, pero en una ciudad tan antigua se solapan muchos más estratos de historia y de arte, un placer que nunca se acaba para los amantes de la cultura.

Visitar la mejor colección de arte de la antigua Grecia en el **Museo Arqueológico Nacional.** (p. 128; foto)

Descubrir arte internacional único en las galerías de la **Fundación Basil y Elise Goulandris** en Pangrati. (p. 119)

Comprar una entrada combinada para todas las dependencias del **Museo Benaki de la Cultura Griega,** como el estudio del artista en la **Galería Ghika.** (p. 98)

Conectar antigüedad y modernidad en el **Museo de Arte Cicládico,** donde se exhiben enigmáticas esculturas minimalistas que inspiraron a Modigliani. (p. 104)

Debatir si las obras con incrustaciones de oro son arte o religión en el **Museo Bizantino y Cristiano** (foto). (p. 105)

Repasar la historia de la pintura moderna griega en la flamante **Galería Nacional** (p. 102).

Anticuario, Monastiraki (p. 59).

LO MEJOR

Tiendas

Los barrios del centro son un gran hervidero comercial, con toda suerte de tiendas, a menudo organizadas por ramos: encajes y botones en una manzana, bombillas en la siguiente.

Disfrutar de la oferta comercial de Monastiraki, de **Plateia Avyssinias** a **Yiannis Samouelian.** (p. 65)

Darse una vuelta por Plaka para artículos de diseño con un toque helenístico en **Forget Me Not** y **Flâneur.** (p. 92)

Pasar cuentas antiestrés con un *kombolói* de **Kombologadiko** o comprar productos de resina de lentisco en **mastihashop** de Kolonaki. (p. 104)

Probar productos de baño y belleza ecológicos y sostenibles de marcas griegas como **Korres, Apivita** y la **Naxos Apothecary.** (p. 88)

Comprar artesanías de fibra, joyas y prendas de moda para apoyar a los **artesanos de Koukaki.** (p. 52)

Comprar arte en Kolonaki: popular en **Zoumboulakis Gallery** o de nueva ola en **Callirrhoë.** (p. 103)

13

LO MEJOR

Ocio

La oferta de arte y música de Atenas depende en gran medida de la temporada: muchos grandes auditorios y teatros cierran o tienen un cartel más reducido en verano, cuando los espacios al aire libre toman el relevo.

Ver una película al fresco en verano en cines como **Aegli Cinema** o **Cine Dexameni.** (pp. 85 y 88)

Disfrutar de la vanguardista sala de conciertos **Megaro Mousikis,** con espectáculos en su jardín en verano. (p. 102; foto)

Disfrutar de espacios polivalentes como **Gazarte** de Gazi, con su teatro y bar de azotea, y **Bios** con un cine, una galería y un bar. (pp. 163 y 169)

Salir una noche por el **centro cultural de la Fundación Stavros Niarchos** cuya oferta incluye la Ópera Nacional de Grecia. (p. 170)

Escoger entre *rembetika* (*blues* griego), *rock* y *thrash* en las **salas de conciertos de Exarchia.** (p. 137)

Asistir a un espectáculo o lectura literaria en un molón bar-cabaré en antiguos vagones de tren en **Treno sto Rouf.** (p. 167)

Dcha.: centro cultural de la Fundación Stavros Niarchos (p. 170).
Arquitectos: Renzo Piano Building Workshop

LO MEJOR

Circuitos

Las calles sinuosas de Atenas recompensan a quienes pasean sin rumbo fijo ni planificación, pero los circuitos con guías intachables y demás actividades enriquecedoras ayudan a profundizar y a llegar más lejos.

Los circuitos en bici eléctrica de **We Bike Athens** *(webikeathens.gr)* en Thisio, **Solebike** *(solebike.eu)* cerca de la Acrópolis, y **Roll in Athens** *(rollinathens.tours)* cerca de Syntagma permiten salvar las pendientes. En **Funky Ride** *(funkyride.gr)* alquilan bicis. (p. 54)

Athens Walking Tours *(athenswalkingtours.gr)* y **Alternative Athens** *(alternativeathens.com)* proponen experiencias variopintas.

This Is Athens *(thisisathens.org)* propone salidas temáticas a pie con lugareños voluntarios. Reservar con 72 h de antelación.

Visitar las granjas de miel del Ática con **Athens Honey Tasting** *(athenshoneytasting.gr)* u observar aves con **Greece Bird Tours** *(greecebirdtours.com)*. **Vouriya Tours** *(vouryia.com)* propone circuitos culturales y culinarios. **Trekking Hellas** *(trekking.gr)* guía escalada en roca/barranquismo.

CERI BREEZE/SHUTTERSTOCK ©

Lo mejor para niños

Relajarse con la magia del cine en un espacio al aire libre, como **Cine Paris** (p. 18); solo se doblan las películas para niños; las demás se proyectan con subtítulos en griego.

Pasar la tarde en el parque infantil y estanque con patos del **Jardín Nacional** (p. 85) e ir al sur hasta el **Zappeion** por su parque infantil cercado y a la sombra.

Distraer a los peques con el teatro griego de sombras en **Theatro Skion Tasou Konsta** (p. 171) en el **parque Flisvos** (p. 171) o algunos domingos en el **Centro Cultural Melina Mercouri** (p. 152).

Otear la ciudad desde el **monte Licabeto** (p. 102), donde se puede explorar su capilla rupestre. Además, se sube en funicular.

Tomar la lanzadera gratuita hasta el **parque Stavros Niarchos** (p. 171) y allí alquilar una bicicleta para recorrer las zonas de juegos infantiles, jardines, fuentes y el cercano frente marítimo.

Lo mejor gratis

Planear noches gratuitas en el **Museo Benaki de Cultura Griega** (p. 98; *ju 18.00-24.00*) y una visita en invierno al **Museo Arqueológico Nacional** (p. 128; *gratis 1er do de mes, nov-mar*).

Visitar la **Mansión Benizelos** (p. 87), del s. XVII, la casa más antigua de Atenas, en pleno centro de Plaka.

Deambular por el **primer cementerio de Atenas** (p. 119), donde se pueden ver las tumbas de personajes ilustres locales e internacionales y admirar las esculturas y relieves de mármol.

Averiguar qué hay en la rehabilitada **Fábrica de Tabaco Lenorman** (p. 167), un enorme espacio donde la mayoría de exposiciones son gratis.

Recorrer museos gratuitos como el **Museo de Cerámica Tradicional** (p. 164), la antigua pasamanería **Mentis-Antonopoulos ("Nema") Passementerie** (p. 165), y el **Museo Digital de la Academia de Platón** (p. 166).

Tres días perfectos

En los lugares más destacados de Atenas se solapan milenios, desde las épocas clásica, romana y bizantina a la contemporánea. Hay que probar su variada oferta de experiencias.

Puerta de Atenea Arquegetis (p. 68).

PRIMER DÍA

Si solo se dispone de un día

MAÑANA

Dar una vuelta por el centro, empezando en la **Acrópolis** (p. 40). Después bajar al **Ágora romana** (p. 68) y al **Ágora antigua** (p. 62). Almorzar en el delicioso **A Little Taste of Home** (p. 72) y salir a callejear por Plaka (p. 86).

TARDE

Visitar el **Museo de la Acrópolis** (p. 46). Al caer la tarde, sumarse al flujo de paseantes de **Dionysiou Areopagitou** (p. 52) y subir a la **colina de Filopapo** (p. 145). Cenar con vistas a la Acrópolis en **GH Attikos** (p. 55) o especialidades peloponesias en **Mani Mani** (p. 55).

NOCHE

Ver una película al aire libre en **Thision** (p. 152) o **Cine Paris** (p. 88). Cenar y tomarse unas copas en Koukaki (p. 56). Y si hace fresco, apostar por **Brettos** (p. 92; foto), **Materia Prima** (p. 123) o **Hitchcocktales** (p. 57).

SEGUNDO DÍA

Un fin de semana

MAÑANA

Absorber el ambiente del **mercado central** (p. 67) y de las calles aledañas con sus tiendas variopintas. Almorzar en **Diporto Agoras** (p. 67) o **Karamanlidika tou Fani** (p. 73).

TARDE

Dedicar unas horas a las exquisitas reliquias griegas del **Museo Arqueológico Nacional** (p. 128).

NOCHE

Tomarse unos cócteles en un bar de azotea (pp. 74, 92) o ir a uno de los excelentes bares de la zona de Syntagma, como **Dude Bar** (p. 71) o **Baba Au Rum** (p. 91). Para un espectáculo al aire libre, reservar con antelación en el **Odeón de Herodes Ático** (p. 43; foto), el histórico teatro romano, sobre todo durante el Festival de Atenas y Epidauro, o ver un espectáculo en el **Teatro de Danza Dora Stratou** (p. 150).

TERCER DÍA

Una escapada

MAÑANA

Regalarse un té completo en el **Grande Bretagne** (p. 84) y después ver a los *evzones* (guardias) luciendo con ostentosos andares sus zapatos con borlas en la **Tumba del Soldado Desconocido** (p. 84; foto). Salir de compras por el centro (p. 13) y recorrer sus emblemáticas galerías comerciales (p. 85). Almorzar algo sencillo pero delicioso en **Aspro Alogo** (p. 90) o **Tzitzikas kai Mermigas** (p. 90).

TARDE

Cruzar el **Jardín Nacional** (p. 85) hacia el sur hasta el **templo de Zeus Olímpico** (p. 114), ponerse de pie en el plinto del **estadio Panatenaico** (p. 119) y dar un paseo por Pangrati (p. 117).

NOCHE

Cenar en **Mavro Provato** (p. 121) o **Soil** (p. 121), y después salir de bares por Plateia Proskopon (p. 120), o retroceder hasta Monastiraki y Psiri, y salir de fiesta por el centro de Atenas (p. 70).

Con más tiempo

Cuando uno ya haya visto todos los tesoros y museos de bandera, queda mucho más por ver en Atenas y alrededores: visitar el yacimiento arqueológico de **Kerameikos** (p. 158), el cercano **Museo de Arte Islámico** (p. 164) o, de tener los pies cansados, recuperarse con un baño en **Hammam** (p. 164).

Disfrutar del arte contemporáneo en el **Museo Benaki en Pireos 138** (p. 165); cuenta con una cafetería que sirve buen café, o se puede cruzar la calle hasta **Upupa Epops** (p. 169). O, conocer los mejores ejemplos de la prolífica escena de grafitis y arte urbano de Atenas en Gazi, Keramiko y Metaxourgio (p. 166) y la vecina Exarchia (p. 135), donde domina el discurso antisistema.

Cenar en el **Merceri** (p. 153) en Thisio o, con reserva previa, en el **CTC Urban Gastronomy** (p. 168) en Keramikos. Después se puede salir a ver qué hay en los locales nocturnos de Gazi: un DJ en **Gazarte** (p. 168) o **Bios** (p. 169), una formación de *jazz* en **Afrikana** (p. 169) o sesión intensa de discoteca en locales como **BeQueer** (p. 169).

Kerameikos (p. 158).

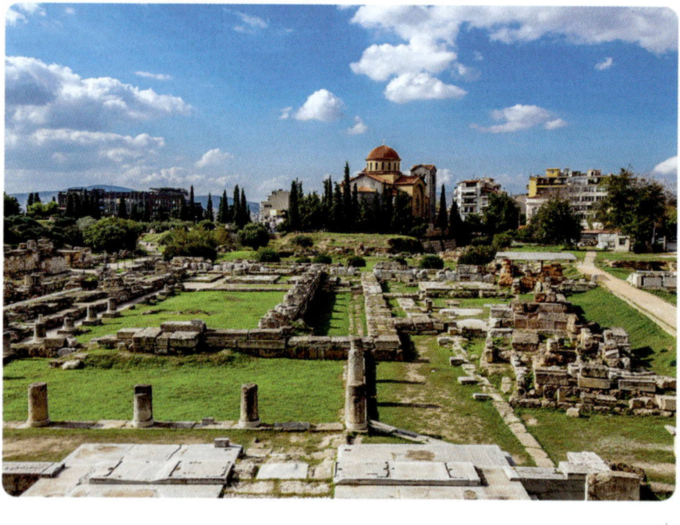

NEJDET DUZEN/SHUTTERSTOCK ©

Una excursión

Tomar un taxi o la lanzadera (gratis) hasta el **centro cultural de la Fundación Stavros Niarchos** (p. 170), donde se puede jugar en el parque y disfrutar de las fabulosas vistas al atardecer y después de una aria en la **Ópera Nacional de Grecia** (p. 170), o en verano, del Nostos Festival.

Con vehículo propio (o contratando una excursión de un día), se puede recorrer la Riviera de Atenas (p. 170) hasta el **templo de Poseidón** (p. 174) del cabo Sunio. Por el camino, parar a darse un baño en una playa (p. 173) e, incluso en invierno, nadar bajo los acantilados de la **Limni Vouliagmenis** (p. 173; foto), con agua más cálida. Si sobra tiempo, incluir una visita guiada por la **Sociedad de Protección de Tortugas Marinas de Grecia** (p. 173) de Glifada.

En un día de lluvia

Como el centro de Kolonaki es compacto, si llueve, se puede pasar el día de tiendas (p. 103) o en sus museos: **Museo Benaki de Cultura Griega** (p. 98), **Museo de Arte Cicládico** (p. 104) y **Museo Bizantino y Cristiano** (p. 105). Se puede incluir la **Galería Nacional** (p. 102) para pintura griega y la **Fundación Basil y Elise Goulandris Foundation** (p. 119) para arte internacional.

Al atardecer se puede subir en funicular al **monte Licabeto** (p. 102; foto) y después cenar en **Filippou** (p. 107) o **Oikeio** (p. 107). Si aún llueve, tomar un taxi hasta Exarchia para una comida cretense (p. 139), y después relajarse en un *rembetika* u otro bar musical (p. 137). Y si apetece un poco de *jazz,* tomar un taxi hasta **Half Note Jazz Club** (p. 123).

Prepararse

Tres meses antes Reservar hotel, sobre todo en verano. Comprar entradas para festivales como el Festival de Atenas y Epidauro.

Un mes antes Consultar cultureisathens.gr y comprar entradas para espectáculos (p. ej. en la Ópera Nacional o el Megaron). Reservar mesa en los mejores restaurantes.

Una semana antes Comprobar si habrá huelgas durante la estancia (p. 185); reservar circuitos *(tourist-guides.gr)* y entradas en línea para la Acrópolis.

Costumbres

Lenguaje corporal El "sí" es un balanceo con la cabeza y el "no", un levantamiento rápido de cabeza o cejas, a menudo acompañado de un chasquido con la lengua.

Fotografía No fotografiar altares ni iconos en las iglesias. Para llevar un trípode a un yacimiento quizá se requiera un permiso especial.

Lugares de culto Cubrirse hombros y rodillas. Algunas iglesias niegan la entrada a quienes muestran demasiada piel.

Aproximación previa a Atenas

Acercarse a la Atenas actual con estos libros, películas y canciones.

'El tío Petros y la conjetura de Goldbach' (Apostolos Doxiadis; 1992) Una historia de amor, matemáticas y Atenas.

'Walking in Athens with Constantine Cavafy' Para comparar la actual Atenas con la ciudad en el umbral del s. xx.

'Attenberg' (2010) Oda de Athina Rachel Tsangari a la juventud desafecta.

'Rembetika: Songs of the Greek Underground 1925-1947' Canciones clásicas que quizá se oirán cantar.

Conviene saber

Pagos Domina el pago en efectivo, aunque desde el covid-19, las tarjetas se aceptan más.

Comprobar la cuenta En las zonas turísticas se dan casos de cuentas hinchadas y cobro excesivo. Ojo con las bebidas que no se han pedido y que no son gentileza de la casa.

Descuentos Estudiantes, niños y mayores se benefician de descuentos en casi todos los museos y puntos de interés.

Regateo Hecho con tacto se acepta en mercadillos u otros mercados, pero en otros sitios no.

Cenar tarde Los griegos cenan tarde y, en verano, rara vez se sientan antes del atardecer. Los restaurantes se llenan a partir de las 22.00.

PROPINAS

En Grecia, la propina es opcional, pero en Atenas se suele dejar en restaurantes, en los clubes de lujo y en comidas de altos vuelos. También se dejan al servicio de limpieza y a los botones (1-3 €), y se redondea la cuenta en todas partes.

10%
Restaurantes

Redon-deo
Bares y 'pubs'
Redondear hasta el siguiente euro

Redon-deo
Taxis
Redondear hasta el siguiente euro

1 €
Servicio de limpieza de hotel
1 € por noche

PRESUPUESTO DIARIO

Económico Menos de 140 €

- Cama en dormitorio: **35 €**
- Habitación doble en pensión: **desde 80 €**
- *Souvlaki* o pita: **3,50 €**
- *Ouzo* con una tapa: **5 €**
- Billete de transporte de 90 min: **1,20 €**

Medio Entre 140-275 €

- Habitación doble en hotel de precio medio: **90-200 €**
- Comida en taberna tradicional: **15-25 €**
- Entrada a museos y yacimientos: **5-20 €**
- Taxi por la ciudad: **9 €**

Alto Más de 275 €

- Habitación doble en hotel de categoría: **desde 240 €**
- Comida en un restaurante de moda: **desde 35 €**
- Cóctel: **10 €**
- Guía por la Acrópolis: **desde 75 €**

Moneda
Euro (€)

Idioma
Griego

Hora local
Hora de Europa oriental (GMT/UTC + 2 h)

ARIS GAUCHO/SHUTTERSTOCK ©

DESCUENTOS CON ATHENS SPOTLIGHTED

Vale la pena adquirir la tarjeta gratuita Athens Spotlighted *(athenspotlighted.gr)* en el mostrador de información del aeropuerto de Atenas *(thisisathens.org)*, o registrarse en línea. Ofrece descuentos en algunas tiendas, restaurantes y lugares de interés.

📅 Cuándo ir

Atenas es estupenda todo el año, pero en primavera, otoño e invierno no hace tanto calor ni masificación turística.

Atenas y las islas despiertan de su letargo invernal a partir de la Pascua Ortodoxa (abr/may) y se animan en verano, alcanzando su pico a mediados de agosto. La temporada media (mar-may y sep-oct) es la mejor para evitar calor y aglomeraciones, y la ideal para dar un paseo y salir de excursión. En invierno se puede llegar a estar casi a solas en los yacimientos. Además es cuando los griegos están en las ciudades, trabajando, y los cafés y locales nocturnos están muy animados.

Grandes eventos

Abril o mayo En el calendario ortodoxo griego hay muchas fiestas, pero la mayor es la **Pascua Ortodoxa Griega** (que no coincide con la Semana Santa católica). En Pascua, hay que visitar capillas más pequeñas, como la **iglesia de Agioi Anargyroi** (p. 87) en Plaka, sin perderse después los fuegos artificiales, las comilonas y el *ouzo* a litros.

Mayo El **Athens City Festival** (*ci tyfestival.thisisathens.org*) celebra la primavera con eventos artísticos y culinarios, conciertos y noches en los museos, y actividades para los críos en toda la ciudad.

Junio a agosto Intentar coincidir con el **Festival de Atenas y Epidauro** (p. 53), que programa música, danza y teatro en el antiguo **Odeón de Herodes Ático** (p. 43) en la Acrópolis de Atenas y en el antiguo Teatro de Epidauro en el Peloponeso.

Septiembre La feria de arte contemporáneo más grande de Atenas, **Art Athina** (*art-athina.gr*), ocupa espacios del centro urbano durante

Clima

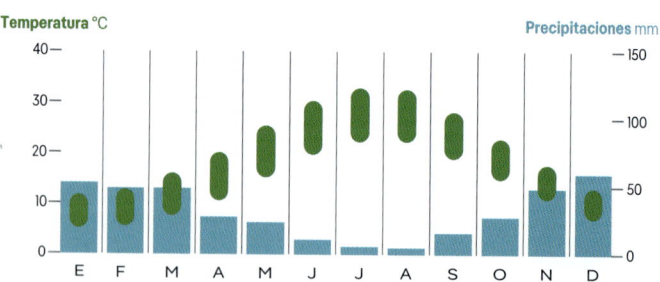

Temperatura °C / Precipitaciones mm

Misa de Pascua.

cuatro días como el **palacio Zappeion** (p. 85).

Artístico e interesante
Septiembre El **Festival Internacional de Cine de Atenas** *(aiff.gr)* presenta retrospectivas, estrenos y cine independiente y documental.

Octubre a diciembre Cada dos años, la **Bienal de Atenas** *(athens biennale.org)* expone la obra de artistas griegos e internacionales punteros en espacios de toda la ciudad.

Mayo o junio **Athens Jazz** *(athensjazz.gr)* es un festival gratuito que dura una semana en Technopolis, una antigua fábrica de gas en Gazi.

Agosto Durante el plenilunio más luminoso del año, el **Festival de la Luna de Agosto** ocupa espacios históricos, como la Acrópolis o el Ágora romana, y ofrece teatro, danza y música gratuitos a la luz de la luna. También se celebra en otras ciudades y yacimientos griegos; consultar en cada sitio.

CONSEJOS SOBRE ALOJAMIENTO

Los alojamientos tienen el mejor precio en temporada media y baja (y así, de paso, se ayuda a combatir la masificación turística del verano). El clima es suave, hay poca gente, los precios bajan hasta un 20% y, de noviembre a marzo, hasta un 50%. Mejor reservar con mucha antelación en verano, cuando los precios se disparan.

✈ Cómo llegar

La mayoría de visitantes llegan a Atenas por el aeropuerto internacional Eleftherios Venizelos, 27 km al este del centro urbano, o procedentes de las islas por el puerto de El Pireo, 10 km al suroeste.

Del aeropuerto al centro urbano

En metro

El metro (*stasy.gr* y *oasa.gr*) va al aeropuerto cada 30 min entre 6.30 y 23.58 (adultos/ida y vuelta 9/16 €). Los billetes al aeropuerto tienen un precio especial. Tarda 40 min en llegar a Plateia Syntagmatos y 50 min a Monastiraki, y es una de las maneras más fiables de llegar a tiempo para tomar el avión, porque el tráfico varía mucho.

En autobús

Los autobuses exprés (el X95 hasta Syntagma y el X96 hasta El Pireo) circulan 24 h, todos los días. En el aeropuerto, venden los tiques (5,50 €) en el puesto próximo a la parada. Un tique de turista de 20 €, válido para tres días, incluye la ida y vuelta al aeropuerto y viajes ilimitados por la ciudad. El autobús X95 tarda 1 h aprox. en llegar al centro.

En taxi

Un taxi tarda 30-40 min. Tienen una tarifa fija (40/55 € día/noche). También hay compañías de automóviles de alquiler en el aeropuerto, y funcionan las aplicaciones de proveedores de movilidad Uber y FREENOW.

Otros puntos de entrada

Casi todos los ferris de las islas y los cruceros recalan en el **puerto de El Pireo** (*olp.gr*). La línea 1 (verde) de trenes suburbanos y la línea 3 (azul) del metro van de Atenas a la puerta E7. Circulan entre 5.30 y 24.00. Se tardan 30 min en llegar a la parada de Thissio. El autobús 040 (cada 30 min, 24 h todos los días) va a Atenas, también el autobús exprés X80 (solo may-oct). El autobús directo X96 al aeropuerto para delante del metro y en la calle de delante del puerto. El tranvía T7 sale de delante de la puerta E8. En el puerto, un autobús lanzadera gratuito recorre los muelles del norte, de la puerta E7 a la E1.

Los taxistas tienen fama de cobrar de más. En el puerto, se recomienda parar un taxi en la calle o utilizar una aplicación de viajes compartidos. Se pagarán 20-25 €, según el taxímetro, hasta el centro (20 min sin tráfico).

Cómo desplazarse

El centro urbano es compacto y manejable a pie. Las principales ruinas se agrupan en torno a la Acrópolis y Plaka, zona que se superpone a las partes más antiguas de la ciudad moderna, en Syntagma y Monastiraki. Otros barrios clave, donde se verá el día a día ateniense y puntos de interés, quedan un poco más lejos a pie, o a un corto trayecto en autobús o metro.

Metro

El metro de Atenas, con una buena relación calidad-precio (en la foto; stasy.gr), es rápido y eficiente. Comprar un billete es fácil y hay planos en inglés, pero no impresos, por lo que se recomienda utilizar Google Maps. Los trenes circulan de 5.30 a 24.00, cada 5 o 6 min en horas punta, y cada 10 min el resto del día. Los viernes y sábados, las líneas 2 y 3 funcionan hasta las 2.00. El último tren al aeropuerto sale a las 23.00. Todas las estaciones tienen ascensores y rampas.

Las tres líneas conectan con los tranvías, autobuses y trenes suburbanos (hellenictrain.gr).

Autobús

Los autobuses (oasa.gr) van a todas partes, pero dependen del tráfico. No hay planos en papel. Los autobuses exprés –como el X80 hasta El Pireo, y los autobuses del aeropuerto hasta Syntagma (X95) y El Pireo (X96)– son los más prácticos. Frecuencia de paso cada 15 min (5.00-24.00); el autobús del aeropuerto funciona 24 h.

'APP' ESENCIAL
Descargarse la app OASA Telematics para planificar rutas y localizar autobuses, trolebuses y tranvías.

Tranvía

Los tranvías *(stasy.gr)* son lentos pero ofrecen vistas a la costa hasta Voula y El Pireo. La línea de tranvía sale de Syntagma, delante del Jardín Nacional, y va hasta la costa. En las paradas de Edem o Pikrodafni se puede cambiar a la línea costera.

Funciona de 5.30 a 24.00 *(do-ju, cada 10 min),* y hasta 1.40 *(vi y sa, cada 40 min).* Las máquinas de los billetes están en los andenes.

Taxis y proveedores de movilidad

Parar un taxi en la calle o utilizar una aplicación: FREENOW *(free -now.com),* Ikaros *(radiotaxiikaros. gr),* Taxiplon *(taxiplon.gr)* o Uber.

Los taxis cuestan 0,90 €/km (1,25 € de 24.00 a 5.00), y la tarifa mínima es de 4 €. Una carrera corta por el centro cuesta 7 €. Hay que presionar al conductor para que encienda el taxímetro *(roloi* en griego) y el precio sea justo, y comprobar si el cambio está bien pues hay muchos timos. Para ir al aeropuerto hay que acordar una

tarifa fija de 45/60 € día/noche.

Para excursiones de un día, se recomienda Athens Tour Taxi *(athenstourtaxi.com).*

Ferri

Para ir a Atenas, los ferris atracan en el puerto principal de El Pireo (p. 26) y en los puertos más pequeños de Lavrio y Rafina, que comunican con las Cícladas.

Bicicleta

Recorrer Atenas en bicicleta es práctico pese a los pocos carriles-bici, los conductores temerarios y las muchas cuestas. Se puede salir en un circuito (p. 16) o alquilar una bicicleta (p. 54). Como se permite embarcar dos bicis en el último vagón del metro o tranvía, se puede ir de ida en bici y de vuelta en transporte público.

Automóvil

Hay que evitarlo por las calles estrechas y los embotellamientos; además, aparcar es una pesadilla.

Transporte público

Precios

- El billete sencillo cuesta 1,20 € y tienen validez para 90 min con transbordos ilimitados. Más económico si se compran 5 o 10.
- Los abonos de 24 h/cinco días cuestan 4,10/8,20 €. No incluyen el transporte hasta el aeropuerto.
- Los billetes turísticos de tres días (20 €) incluyen la ida y vuelta al aeropuerto. Sale a cuenta si se toma el metro varias veces.
- Los niños de 6 años y menos viajan gratis. Los menores de 18 años o mayores de 65 años pagan 0,50 € (hay que mostrar el carné de estudiante y acredi-

tar la edad); estos tiques se venden en las oficinas de venta de billetes.

- Billetes de metro independientes desde el aeropuerto: adultos/ida y vuelta 9/16 €.
- Los billetes de autobús exprés independientes desde el aeropuerto cuestan 5,50 €.

Dónde comprar el billete

- Las oficinas y máquinas del metro expiden billetes Ath.ena.
- Para autobuses exprés, suele haber un quiosco que vende el billete especial, también en el aeropuerto y en El Pireo.
- Los billetes de tranvías se venden en una máquina del andén.

Validar el billete

En el metro hay que colocar la tarjeta en el lector de las barreras mecánicas para entrar y, en algunas estaciones, también para salir. En autobuses y tranvías, embarcar por cualquier puerta y validar el billete en la máquina.

PRECIOS

Billete de 90 min
1,20 €

Pase de un día
4,10 €

Billete turístico de 3 días
20 €

──────── **MULTAS** ────────

Las multas por viajar sin billete son 60 veces el precio del billete.

BILLETES

Ath.ena Ticket El sistema de transporte público (autobuses, tranvía y metro) utiliza el billete unificado Ath.ena Ticket, una tarjeta recargable de venta en oficinas y máquinas del metro. Hay que cargarla con saldo y validarla con cada uso. La Ath.ena Card de plástico se vende en las oficinas de venta de billetes (saldo mínimo de 4,50 €). Cada vez que se coloca en el sensor de las barreras tiene validez para 90 min e incluye transbordos.

Servicios al aeropuerto y exprés Para ir al aeropuerto se necesita un billete especial, de metro o de autobús (p. 26). Los billetes para los autobuses exprés (p. ej. desde El Pireo) también son especiales y no se pueden recargar.

INFORMACIÓN SOBRE LOS BILLETES

Escanea este código QR para información sobre billetes y normas.

Otra cara de Atenas

Atenas no para de evolucionar, y siempre hay algo extraordinario o nuevo por descubrir.

Espacios de arte renovados

La escena artística de Atenas, sabe aprovechar sus edificios llenos de recovecos y sus espacios fabriles. Se puede ver arte contemporáneo, griegas e internacionales, en una cervecera remodelada en el **Museo Nacional de Arte Contemporáneo** (p. 53; EMST). La **Fábrica de Tabaco Lenorman** (p. 167) acoge luminosos espacios galerísticos. **Technopolis** (p. 165) fue una fábrica de gas en Gazi. Incluso hay un teatro y espacio cultural en un antiguo vagón en **Treno sto Rouf** (p. 167), y arte urbano y comida callejera en unas **antiguas cocheras de tranvía** (p. 166). Consultar las programaciones en *cultureis athens.gr*.

Librerías y vida literaria

El teatro y la literatura florecieron en la antigua Atenas gracias a figuras como Esquilo, Sófocles y Eurípides. La tradición continúa con teatros y librerías por todas partes. Junto a la Acrópolis, **Little Tree Book Cafe** (p. 56) combina libros con café y dulces. Las librerías de Exarchia tienen un fondo político y cultural más provocador, como **Politeia** (p. 141). **Travel Bookstore** (p. 141) y **Anavasi** (p. 93) venden libros de viajes. Y la tienda **Public** (*public.gr),* en Plateia Syntagmatos, tiene libros en muchos idiomas.

Comida callejera y dulces

Hay mucho donde escoger: comerse un *souvlaki* de pie junto a la plaza en **Kostas** (p. 72), o unas brochetas por la noche en **Elvis** (p. 121); comer platos recién hechos, económicos y picantes de Oriente Medio en **Feyrouz** (p. 72); probar los hojaldres de espinacas y queso y las galletas tradicionales en **Kallimarmaro** (p. 122) o en **Ariston,** y el bizcocho con naranja en **To Koulouri tou Psyrri** (p. 73).

La élite del *gelato* se halla en **Cremino** (p. 91) en Plaka, **Maraboo** (p. 122) y **Morris Brown** (p. 122), ambos en Pangrati, pero también en **Ninnolo** (p. 107) en Kolonaki. Compiten con los chocolates y *baklava* de confiterías como **Aristokratikon** (p. 81).

Mercados callejeros

Atenas combina vida moderna con tiendas y mercados de otra época. Rastros antológicos que invitan a un curioseo inolvidable y a encontrar recuerdos insólitos. El céntrico

MILAN GONDA/SHUTTERSTOCK ©

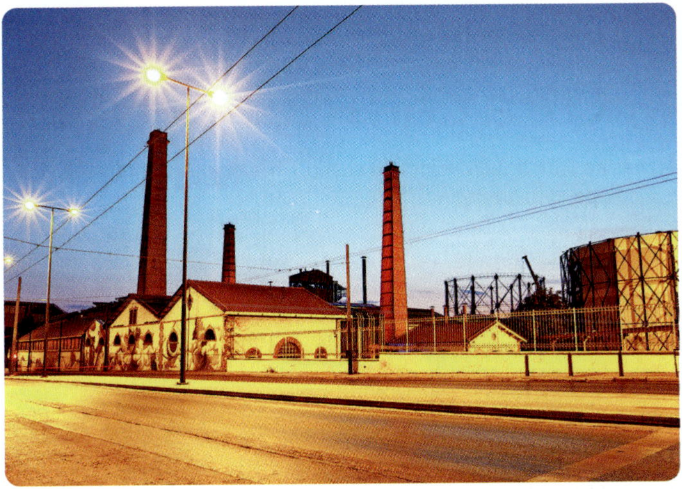

Technopolis (p. 165).

MARISSA TEJADA/LONELY PLANET ©

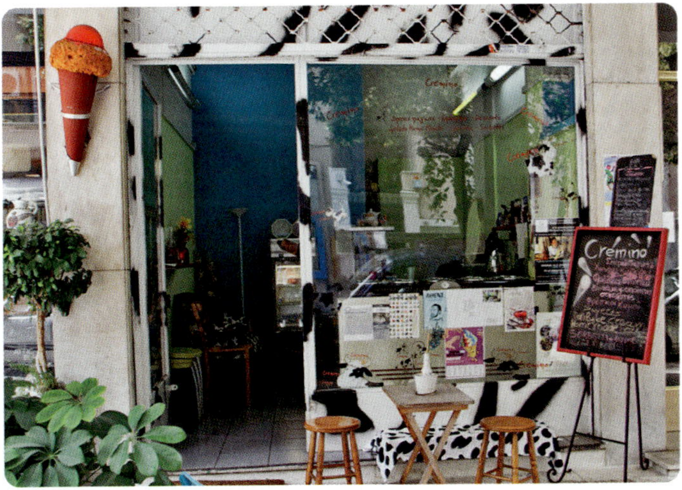

Cremino (p. 91).

VANGELIS KORONAKIS/LONELY PLANET ©

Anticuario, mercadillo de Monastiraki (p. 65).

MILAN GONDA/SHUTTERSTOCK ©

Biblioteca de Adriano (p. 68).

y obvio es **Plateia Avyssinias** con sus baratijas y antigüedades junto al **mercadillo de Monastiraki** (p. 65), pero también se podría ir un domingo al **mercadillo de Eleonas** *(amanecer-14.00)*. No es para todos los públicos: los recolectores de basura y quincalleros de la ciudad, y los vendedores de verduras, ropa nueva y artículos a granel venden sus mercancías en varios almacenes y *parkings* de esta zona fabril. Quien persevere quizá halle gangas, objetos de colección y maravillas *kitsch* entre tanto trasto.

Y si se quiere comer y beber, nada mejor que darse una vuelta por un *laïki agora* (mercadillo callejero semanal; *laikesagores.gr*) en barrios como **Pangrati** (p. 123), **Kolonaki** (p. 109) y **Exarchia** (p. 136).

Entradas combinadas

Los atenienses son democráticos con su arte y cultura. Los niños suelen entrar gratis, los estudiantes y las personas mayores obtienen descuentos y las entradas combinadas son un chollo. La mejor es la de 30 € que incluye una entrada a la **Acrópolis** (p. 40) y a otros lugares antiguos: **Ágora antigua** (p. 62), **Ágora romana** (p. 68), **Biblioteca de Adriano** (p. 68), **Kerameikos** (p. 158), **templo de Zeus Olímpico** (p. 114) y **Liceo de Aristóteles** (p. 105). Sale a cuenta si se visita la Acrópolis (que sola ya cuesta 20 €, si es que uno no se beneficia de algún descuento) y otros dos lugares de interés. Tiene validez

para cinco días consecutivos, y se vende en cualquiera de los lugares incluidos o en línea en *hhticket.gr*.

Del mismo modo, un abono de 30 € incluye la entrada a todas las dependencias en Atenas del **Museo Benaki** (p. 98), salvo su Colección Valadoros, y tiene validez para tres meses. O comprar una entrada de tres días por 15 € que incluye el **Museo Arqueológico Nacional** (p. 128), el **Museo Bizantino y Cristiano** (p. 105), el **Museo Epigráfico** (p. 137) y el Museo Numismático.

Consultar culture.gr y Hellenic Heritage e-ticket *(hhticket.gr)* para qué días festivos se entra gratis.

FUERA DE RUTA

- Hacer como Frank Sinatra (Ol' Blue Eyes) y tomarse unos cócteles en el retro **Au Revoir Bar** (p. 138) en el nada turístico Kypseli.
- Observar las estrellas en el **Observatorio Nacional de Atenas** (p. 150) en la colina de las Ninfas.
- Entrar al **Koraï 4** (p. 81): cuando el ejército alemán ocupó Atenas en 1941, utilizó este sótano como prisión, oculto en el pleno centro urbano.
- Descubrir un **pueblecito** (p. 152) en el distrito de Ano Petralona, al oeste de la Acrópolis.
- Visitar la iglesia bizantina más antigua de Atenas en el **monasterio Petraki** (p. 106), en el centro de Kolonaki.

Explora Atenas

Merece la pena

Circuitos a pie

Odeón de Herodes Ático (p. 43) y Acrópolis (p. 40).
GEORGE PACHANTOURIS/GETTY IMAGES ©

Sugerencias de lugares para comer, beber y comprar en **p. 55**

Explora
Zona de la Acrópolis

La corona de Atenas es la Acrópolis y su piedra preciosa es el Partenón. Este épico conjunto monumental de mármol –cuyos tesoros custodia un museo en las laderas sur de la colina– resplandece sobre la ciudad. El paseo Dionysiou Areopagitou comunica la ciudad con la Acrópolis; es una 'autopista' de turistas, pero también un paseo que frecuentan los atenienses al atardecer. Más al sur, los barrios de Makrygianni y Koukaki ofrecen una estampa del día a día ateniense con bares y restaurantes de moda, tiendas de artesanías y *boutiques*. Es fácil orientarse por la ciudad si se toma como punto de referencia la Acrópolis.

Cómo desplazarse

 A pie

Hay cuestas, pero los paseos peatonales y las callejas traseras hacen que sea una ciudad ideal para descubrir a pie.

 Metro

La estación de metro Akropoli (línea roja) está cerca del Museo de la Acrópolis y de la entrada sureste a la Acrópolis, en una bocacalle del bulevar Leoforos Syngrou (donde también está la estación de metro Sygrou-Fix). Las estaciones Monastiraki (línea azul) y Thisio (línea verde) quedan más lejos, pero el paseo hasta la entrada principal de la Acrópolis es panorámico.

LO MEJOR

YACIMIENTO ANTIGUO
Acrópolis (p. 40)

MUSEO HISTÓRICO
Museo de la Acrópolis (p. 46)

TEATRO AL AIRE LIBRE
Odeón de Herodes Ático (p. 43)

CIRCUITO EN BICI
Solebike (p. 54)

ARTE VANGUARDISTA
Museo Nacional de Arte Contemporáneo (p. 53)

El Partenón (p. 43).
BAITEREK MEDIA/SHUTTERSTOCK ©

Más información

- ★ Imprescindible p. 40
- ✕ Experiencias p. 52
- ✕ Comer p. 55
- 🍷 Beber p. 56
- 🛍 Comprar p. 57

Acrópolis

Partenón

Erecteion

Asclepión y estoa de Eumenes

Propíleos

Templo de Atenea Niké

Teatro de Dioniso

Odeón de Herodes Ático

ACRÓPOLIS

Entrada principal a la Acrópolis

Colina del Areópago

Colina de Filopapo

Leof Andreas Syngrou

Athens Gate Hotel

Solebike

Dio Horia Gallery

Technohoros Art Gallery

Lovecuts

Funky Ride

Akropoli

Entrada sureste a la Acrópolis

Museo de la Acrópolis

Dionysiou Areopagitou

Ilias Lalaounis Jewellery Museum

MAKRYGIANNI

Thrasyllou

Vyronos

Porinou

Parthenos

Erehthiou

Propyleon

Garivaldi

NEOS KOSMOS

COLINA DE FILOPAPO

Plateia Kynosárgous

Plateia Ag Pandeleímonos

Plateia Gargarettas

KOUKALI

KOUKALI

Sýngrou-Fix

Museo Nacional de Arte Contemporáneo

Book Garden

State of Concept

Soybird

Uku 79/81

Moloko Plus

Koukeri Sotiria

Librofilo & Co

or.artspace

Area Concept Store

Trabala Studios

Calles y lugares

Dinostratou
Menehmou
Iras
Apollodorou
Aglaoníkis
Evdohou
Ekateou
Theucis
Mysonos
Hatzipetrou
Sísman
Tymfristou
Inglesi
Alkímou
Theokrítou
Andimahídou
Hersaneas
Theodórou Vrestaenis
Kydia
Falomaea
Iraklews
Monodrosou
Lahouri
Boísari Markou
Kalkon
Argendi
Andisthenous
Vrýtou
Haroklou
Frantzi
Amvrosíou
Zini
Kallírois
Leof Andreas Syngrou
Leof Andreas Syngrou
Leof Andreas Syngrou
Nazer H.
Negri Th
Kozýli
Naxou
Dónda Sp
Patmea
Falóou
Dilíados
N Dimitrakopoulou
S Kortoúli
Vekiou
Drakou
Boísari Markou
Boísari Nóti
Valkou
Vyzandíou Hr
Andisthenous
Andruotsou
Fallou
Zan Moraes
Trabala Studios
Zini
Dikeou
Argyríou
Liakou
Dimitrakopoulou N
Giori
Tsami Karatasou
Tsami Karatasou
Sathroserf
Mavrovouníoti
Fotakou
Karatza
Laz600
Zaharítsa
Mousón
Orlof
Orlof
Zan Moraes
Olympíou
Veikou
Meidani
Dialados

Plateia Gargarettas

EXPLORA

ZONA DE LA ACRÓPOLIS

Acrópolis

Es imposible no ver la Acrópolis, el yacimiento del mundo antiguo más importante de Occidente. Coronada como está por el Partenón, se ve desde cualquier punto de Atenas. Su mármol brilla blanco con el sol del mediodía y melado al atardecer, y de noche resplandece sobre la ciudad.

PLANO: P. 38 **D1**

CONSEJO
Visitarla a las 8.00 (menos gente y más fresco) o a última hora. Comprar las entradas antes, con horario prefijado en hhticket.gr, o la entrada combinada de 30 € (p. 33) en otros yacimientos.

Escanea este código QR para precios, festivos con entrada gratis, horarios e historias del yacimiento.

El cénit de la Grecia clásica

Hay que imaginarse la Acrópolis hace 2500 años. Su legendario templo, el Partenón, coronaba una pequeña ciudad, eclipsándola con su elegante majestuosidad. De hecho, la Acrópolis estuvo habitada desde el Neolítico (4000-3000 a.C.), y los primeros templos datan de la época micénica, en honor a la diosa Atenea. La gente siguió habitándola hasta el año 510 a.C., cuando el oráculo de Delfos la declaró territorio exclusivo de los dioses. En vísperas de la batalla de Salamina (480 a.C.) los persas destruyeron todo el complejo, y después Pericles inició un ambicioso plan de reconstrucción, con lo mejor de la ciudad dedicada al culto a Atenea. Así, la Acrópolis se transformó en un escaparate de edificios profusamente coloreados y de colosales estatuas pintadas, algunas de bronce, otras de mármol, y chapadas en oro y con incrustaciones de piedras semipreciosas.

Teatro de Dioniso

Si se accede por la **entrada sureste a la Acrópolis,** más tranquila, se verá enseguida el **Teatro de Dioniso.** En el s. VI a.C. aquí se construyó un teatro de madera, escenario del Festival Grandes Dionisiacas. Durante la época dorada de Atenas,

Odeón de Herodes Ático (p. 43).
VIACHESLAV LOPATIN/SHUTTERSTOCK ©

el teatro acogió producciones de Esquilo, Sófocles, Eurípides y Aristófanes. Reconstruido en piedra y mármol entre los años 342 y 326 a.C., el teatro tenía un aforo para 17000 espectadores (repartidos en 64 gradas, de las que solo quedan 20) y un altar dedicado a Dioniso en el foso de la orquesta.

Tronos y relieves

Los tronos de mármol pentélico de primera fila eran para los altos cargos y sacerdotes. El más majestuoso, con garras de león, sátiros y grifos, estaba reservado al sacerdote de Dioniso. Los relieves del s. II a.C. de detrás del escenario representan las hazañas de Dioniso. Los dos hombres hercúleos (que aún conservan sus cabezas) son *sileni,* adoradores del mitológico Sileno, el padre libertino de los sátiros, cuyo pasatiempo preferido era subir montañas con su falo desproporcionado persiguiendo lascivamente a las ninfas.

ACCESO PARA SILLAS DE RUEDAS

Hay un recorrido especial para sillas de ruedas: un ascensor jaula cerca de la entrada principal de la Acrópolis y caminos designados; para el ascensor hay que llamar al 210 321 4172.

UNA PAUSA
No hay cafés en la Acrópolis. En su lugar, se puede ir a **GH Attikos** (p. 55) para comer con vistas al Partenón, o almorzar tarde (con reserva) en **Mani Mani** (p. 55).

Asclepion y 'estoa' de Eumenes

Hay que subir las escaleras hasta el **Asclepion,** un templo construido en torno a un manantial sagrado. El culto a Asclepio, el hijo médico de Apolo, empezó en Epidauro y fue introducido en Atenas en el 429 a.C. cuando la peste asolaba la ciudad: la gente acudía a este lugar en busca de sanación.

Por debajo del Asclepion, la *estoa* de Eumenes es una columnata construida por Eumenes II, rey de Pérgamo [197-159 a.C.], como refugio y paseo para el público del teatro y que sube hasta la parte superior del **Odeón de Herodes Ático** (véase dcha.).

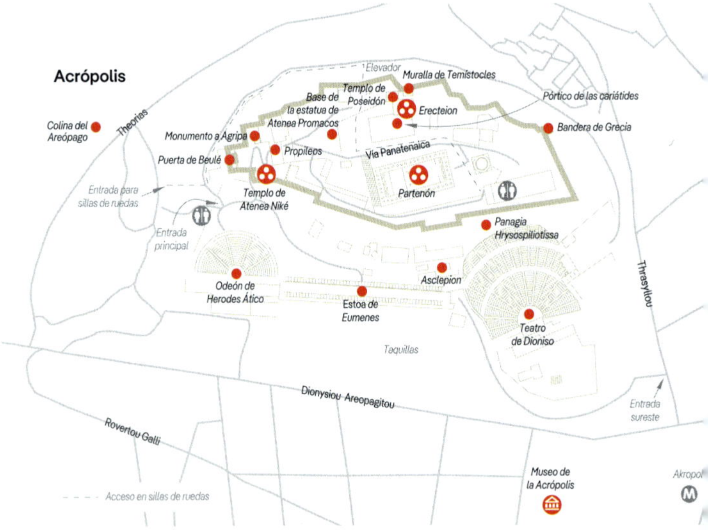

Acrópolis

Colina del Areópago

Theorias

Monumento a Agripa

Puerta de Beulé

Entrada para sillas de ruedas

Entrada principal

Templo de Atenea Niké

Propileos

Base de la estatua de Atenea Promacos

Templo de Poseidón

Elevador

Muralla de Temístocles

Erecteion

Pórtico de las cariátides

Bandera de Grecia

Vía Panatenaica

Partenón

Panagia Hrysospiliotissa

Thrasyllou

Odeón de Herodes Ático

Estoa de Eumenes

Asclepion

Taquillas

Teatro de Dioniso

Entrada sureste

Dionysiou Areopagitou

Rovertou Galli

Acceso en sillas de ruedas

Museo de la Acrópolis

Akropoli

Templo de Atenea Niké

Mientras se sube el último tramo de escalones hacia la cima de la Acrópolis, conviene fijarse a la derecha en uno de los edificios mejor restaurados del yacimiento: el **templo de Atenea Niké.** Es pequeño pero de delicadas proporciones y fue proyectado por Calícrates en el año 425 a.C. La cella interior albergaba una estatua de madera de Atenea como la Victoria (Niké), y los frisos exteriores ilustran escenas mitológicas: la batalla de Platea (479 a.C.) y la lucha de los atenienses contra los beocios y persas. Parte de los frisos se conservan en el Museo de la Acrópolis (p. 46), que también custodia las esculturas, incluida la bella representación de Atenea Niké atándose la sandalia.

Propileos

Luego toca cruzar los **Propileos,** la entrada monumental a la Acrópolis. En la época antigua, sus cinco puertas eran las únicas entradas a la "ciudad alta". La puerta del medio se abre a la Vía Panatenaica, la ruta que seguía la gran procesión de las Panateneas (p. 161). Los Propileos, proyectados por Mnesicles entre el 437 y el 432 a.C., constan de una sala central con dos alas a cada lado. El techo de la sala central estaba pintado con estrellas doradas sobre un fondo azul oscuro. El ala norte se utilizaba como *pinakothiki* (pinacoteca).

Partenón

El **Partenón,** que encarna la gloria de la antigua Grecia y que significa "cámara de virgen", está dedicado a la diosa Atenea Partenos. Esta obra de Ictino y Calícrates es uno de los mayores templos dóricos jamás levantados en Grecia, cuya construcción se alargó 15 años y se terminó a tiempo para las Grandes Panateneas del año 438 a.C.

Coronando la cumbre de la Acrópolis, el Partenón tenía dos finalidades: custodiar la gran estatua

CONOCER EL ODEÓN DE HERODES ÁTICO
En la ladera sur de la Acrópolis, entre la entrada principal en el oeste y el Teatro de Dioniso al este, está el magnífico Odeón de Herodes Ático, o Herodión, construido en el año 161 d.C. por el acaudalado romano Ático en memoria de su esposa ¿Lo mejor? Asistir a un concierto o espectáculo, de Sting a *La Traviata,* durante el **Festival de Atenas y Epidauro** (aefestival.gr), en verano.

EL GRAN SUPERVIVIENTE
Durante sus 2500 años de historia, la Acrópolis ha sufrido los embates de la ocupación extranjera (en 1687 una explosión de pólvora, que los otomanos almacenaban en el Partenón, dañó todos los edificios), el trasiego de visitantes, los terremotos y la polución. Se está restaurando (de ahí que haya andamios). Casi todas las tallas originales están en el Museo de la Acrópolis; las de la colina son réplicas.

de Atenea Partenos (p. 47), encargada por Pericles, y servir de nueva tesorería. En este lugar ya había habido, por lo menos, tres templos dedicados a Atenea.

El actual templo de mármol color crema no es como era en la antigua Grecia. En su día estuvo decorado con colores vivos y dorados.

Columnas

Las columnas dóricas estriadas del Partenón logran una forma perfecta. Las ocho columnas de cada extremo y las 17 de cada lado fueron construidas ingeniosamente con una curvatura para crear una ilusión óptica: las bases (como el resto de superficies 'horizontales' del templo) son ligeramente cóncavas y las columnas, un poco convexas, por lo que unas y otras parecen rectas.

Frontones

Los frontones del templo (los remates triangulares de las fachadas este y oeste) se decoraron con esculturas tridimensionales. El del lado oeste mostraba a Atenea y Poseidón en su lucha por el tutelaje de la ciudad, y el del este, el nacimiento de Atenea de la cabeza de Zeus. Se pueden ver sus vestigios en el Museo de la Acrópolis (p. 46).

Metopas y friso

Las metopas del Partenón, obra de Fidias, son los espacios cuadrados y labrados con relieves entre los triglifos acanalados. Los del lado este mostraban a los dioses del Olimpo luchando contra gigantes, y los del lado oeste, a Teseo conduciendo a los jóvenes atenienses hacia la batalla contra las amazonas. Las metopas del sur ilustraban la pelea entre lapitas y centauros en un banquete de bodas, y las del norte, el saqueo de Troya. La cella interior estaba rematada por el friso jónico, una faja ininterrumpida de esculturas que representaban la procesión de las Panateneas.

Pórtico de las cariátides.
OLGA KOT PHOTO/SHUTTERSTOCK ©

Erecteion y pórtico de las cariátides

Al dar la vuelta al yacimiento, se verá el **Erecteion,** fácil de reconocer por las seis majestuosas columnas esculpidas con figuras femeninas, las cariátides (415 a.C.), que sostienen su pórtico sur. Las actuales son réplicas porque las originales (salvo una que se llevó lord Elgin, hoy en el Museo Británico) están en el Museo de la Acrópolis.

Completado en el año 406 a.C., el Erecteion era un santuario construido en la parte más sagrada de la Acrópolis: el lugar donde Poseidón estrelló su tridente contra el suelo, y donde Atenea hizo aparecer el olivo. El templo, que debe su nombre a Erecteo, un mitológico rey de Atenas, acogía los cultos a Atenea, Poseidón y Erecteo.

Templo de Poseidón

Se accede a la cella de Poseidón, el pórtico norte del Erecteion, por un pequeño tramo de escaleras adosado al muro divisorio. Consta de seis columnas jónicas; la grieta en el suelo la dejó, presumiblemente, el tridente de Poseidón en su competición con Atenea o el rayo de Zeus cuando mató a Erecteo.

FACILITAR LA ENTRADA
Acceder por la entrada sureste, cerca del metro Akropoli, con menos gente. Los grupos utilizan la entrada que hay tras subir la cuesta desde el *parking* de autobuses, en Dionysiou Areopagitou. En el guardarropa de cada entrada hay que dejar las bolsas grandes y los cochecitos. En la entrada principal facilitan mochilas portabebés con parasol.

45

★ **IMPRESCINDIBLE**

Museo de la Acrópolis

Este museo vanguardista exhibe con gran belleza los valiosos vestigios de la colina de la Acrópolis. Se pueden entrever las capas de historia: los suelos de cristal descubren ruinas subterráneas, y los grandes ventanales están orientados a la Acrópolis, para que las obras maestras siempre estén expuestas en su contexto.

PLANO: P. 38 **E3**

CONSEJO

Comprar las entradas en línea para evitar colas. Llevar *smartphone* y auriculares para descargarse la audioguía. La tienda de la planta baja y los cafés del museo son accesibles sin entrada.

Escanea este código QR para precios, horarios y visitas guiadas.

Galería del vestíbulo y ruinas

Al entrar al museo, hay que contemplar por el suelo de cristal las ruinas de un antiguo barrio ateniense que se descubrieron cuando se construía el museo y se integraron al edificio nuevo. Proyectado tras años de planificación por el arquitecto Bernard Tschumi, que vive en EE UU, con el arquitecto griego Michael Photiadis, el edificio sustituyó al pequeño museo que coronaba la Acrópolis, cerca del Partenón.

Los hallazgos de las laderas de la Acrópolis llenan la galería del vestíbulo. La inclinación del suelo recuerda la cuesta de la colina sagrada, a la par que permite ver las ruinas de debajo. Entre las reliquias expuestas hay ofrendas votivas de santuarios y, cerca de la entrada, dos estatuas votivas de arcilla de Niké.

Galería arcaica

La 1ª planta, bañada con luz natural, es un verdadero bosque de estatuas, casi todas ofrendas votivas a Atenea, pero también hay *kore* (estatuas de muchachas con vestidos vaporosos y trenzas elaboradas) del s. VI. La mayoría se recuperaron de una fosa de la Acrópolis, donde los atenienses las enterraron después de la batalla de Salamina. El

SAIKO3P/SHUTTERSTOCK ©

joven que lleva un ternero, del año 570 a.C., es una de las pocas estatuas masculinas descubiertas. También hay figuritas de bronce y objetos de templos anteriores al Partenón (destruidos por los persas), que incluyen maravillosas esculturas de frontones como la de Hércules matando a la Hidra de Lerna, y la de una leona devorando un toro.

En esta planta también hay cinco de las cariátides originales, las célebres columnas en forma de mujer que sostenían el Erecteion (la sexta está en el Museo Británico de Londres).

La estatua perdida de Atenea Partenos

La **Atenea Partenos** (Atenea la Virgen), la estatua para la que se construyó el Partenón y que en su día ocupaba su centro, estaba considerada una

UNA PAUSA
En el restaurante de la 2ª planta se puede tomar un café en la terraza con vistas a la Acrópolis, o comer algo a precio razonable. No hace falta comprar la entrada, basta pedir un pase en recepción.

CONSEJOS DE EXPERTO
Registrarse en línea para las visitas guiadas (incluidas en la entrada). Se va a necesitar un código de inscripción para participar. Reservarse un tiempo para las tiendas del museo y la película que explica la historia de la Acrópolis (último piso). Dejan entrar hasta 30 min antes del cierre; las galerías se desalojan 15 min antes del cierre. Los viernes y sábados el restaurante de la 2ª planta abre hasta medianoche.

de las maravillas del mundo antiguo. En el año 426 d.C. la trasladaron a Constantinopla donde desapareció. Creada por Fidias y terminada en el año 432 a.C., medía casi 12 m de altura sobre su pedestal y estaba revestida en oro. La cara, manos y pies eran de marfil, y los ojos, de piedras preciosas. Hay una réplica diminuta en el Museo Arqueológico Nacional (p. 128).

Galería del Partenón

La joya del museo, este atrio acristalado de la última planta se construyó encarado al Partenón (p. 43), visible a través de los ventanales que ciñen todo el edificio. Exhibe los frontones, metopas y un friso de 160 m del Partenón. El friso muestra la procesión entera de las Panateneas, que empieza en la esquina suroeste del templo, con dos grupos que se separan y se encuentran en el lado este para la entrega de los peplos a Atenea. Para entender los relieves, se recomienda ver la película que se proyecta en esta planta.

Entre los originales de tonos dorados se intercalan réplicas blancas en yeso de las piezas que faltan, incluidos los mármoles del Partenón –las secciones (y otras muchas antigüedades) arrebatadas por el diplomático británico Thomas Bruce, conde de Elgin, en 1801–. Las conversaciones que se mantuvieron en el 2022 y el 2023 ofrecieron un rayo de esperanza para que, quizá algún día, regresen a Atenas desde el Museo Británico, como préstamo temporal.

Museo de la Acrópolis.

🚶 **CIRCUITO A PIE**

Paseo por la antigua Atenas

Los principales lugares antiguos de Atenas invitan a un paseo exigente desde el templo de Zeus Olímpico, pasando por el Museo de la Acrópolis y la subida a la Acrópolis. Se puede bajar por el otro lado de la colina hasta el Ágora antigua y el Ágora romana. Si solo se dispone de un día, se recomienda seguir esta ruta.

INICIO	FINAL	DURACIÓN
Templo de Zeus Olímpico	Ágora antigua	2,5 km; 4-5 h

❶ Templo descomunal

Se empieza en el impresionante **templo de Zeus Olímpico** (p. 114), el más grande de Grecia. Solo quedan 15 de las 104 columnas corintias que tenía. La construcción empezó en el s. vi a.C., y Adriano lo completó en el año 131 d.C.

❷ Arco emblemático

Bordeando el tráfico y junto al templo está el **Arco de Adriano** (p. 118), la ornamentada puerta que señalaba la frontera de la Atenas del emperador romano Adriano.

❸ Museo de tesoros de valor incalculable

Se cruza Leoforos Vasilissis Amalias y se sube por el peatonal Dionysiou Areopagitou hasta el **Museo de la Acrópolis** (p. 46) para ver preciosas esculturas de la Acrópolis, como las cariátides y las asombrosas obras de los frontones, las metopas y el friso del Partenón. Es hora de tomarse un refresco en el restaurante de la 2ª planta con vistas a la Acrópolis.

❹ Teatros antiguos

Se cruza el paseo peatonal para entrar a la zona de la Acrópolis por la puerta este y, de subida por la ladera sur de la Acrópolis, se explora el **Teatro de Dioniso** (p. 40), cuna del teatro, y el magnífico y romano **Odeón de Herodes Ático** (p. 43).

❺ La cimera Acrópolis

La **Acrópolis** (p. 40) es el yacimiento del mundo antiguo más importante de Occidente. Se puede ver su diminuto templo de Atenea Niké y cruzar las grandes puertas de los Propileos para visitar el icónico Partenón y el Erecteion, con sus cariátides. En días claros se puede ver a kilómetros de distancia.

❻ El histórico distrito de Anafiotika

Se sale de la Acrópolis por la puerta oeste y se baja por Theorias, que bordea la Acrópolis. Justo delante está la iglesia de la Metamorfosis, que señala la entrada a **Anafiotika** (p. 86), un pintoresco laberinto de casas enjalbegadas. Vale la pena darse una vuelta por él y después bajar por el peatonal Diaskouron para obtener unas vistas fantásticas del Ágora antigua.

❼ Centro cívico romano

Por las escaleras de Diaskouron se saldrá al centro comercial de Atenas del s. ii: el **Ágora romana** (p. 68), donde destaca la torre de los Vientos. Construida en el s. i a.C., funcionaba como reloj de sol, veleta y reloj de agua.

❽ El espectacular Ágora clásica

Se va al oeste para culminar la ruta en el **Ágora antigua** (p. 62), la sede de la democracia, la filosofía y el comercio. Este lugar lleno de recovecos, con el maravilloso templo de Hefesto, también cuenta con un excelente museo en la columnada *estoa* de Átalo.

EXPERIENCIAS

Pasear por debajo de la Acrópolis
CALLE PEATONAL
PLANO: ❶ P. 38 D3

Se le podría tomar el pulso a la ciudad dando un paseo por **Dionysiou Areopagitou** al atardecer y sin visitar ni un solo monumento. En lo alto destellan las luces de la Acrópolis mientras uno ve el trasiego de turistas, vendedores de tentempiés, músicos y parejas que llenan la calle peatonal.

En la intersección con Parthenos se distinguen los restos de una villa romana hoy cubierta por la calle.

Disfrutar de la panorámica desde la colina del Areópago
MIRADOR
PLANO: ❷ P. 38 B1

Se puede subir a la rocosa **colina del Areópago** desde debajo de la Acrópolis para disfrutar de las vistas del Ágora antigua. Muy evocador al atardecer.

Según la mitología griega, aquí Ares se autodefendió con éxito ante un tribunal de dioses que le juzgaba por asesinar a Halirrotio, hijo de Poseidón. La colina se convirtió en el lugar donde se celebraban los juicios por asesinato, traición y corrupción delante del Tribunal del Areópago. En el 51 d.C., san Pablo pronunció aquí su famoso "sermón del Areópago" y despertó la vocación cristiana de su primer ateniense, Dioniso, que se convirtió en el patrón de la ciudad. El Papa siempre sube a este promontorio cuando va a Atenas.

Si se baja la colina por el oeste, hay que fijarse en los restos de mosaico de mármol de las casas que en su día ocupaban la colina.

Salir de 'boutiques' por Makrygianni y Koukaki
DE COMPRAS

Los comercios que rodean la Acrópolis están enfocados al turismo. En su lugar se puede bajar a **Makrygianni** y **Koukaki,** con tiendas más originales. En la parte alta de Veïkou, la diseñadora Maria Panagiotou crea esas prendas monas y asequibles de **Lovecuts** (PLANO: ❸ P. 38 E4; *lovecuts.gr*). Los letraheridos pueden pasarse por **Book Garden** (PLANO: ❹ P. 39 C6; *bookgardenathens.com*), con libros de segunda mano, y por **Librofilo & Co** (PLANO: ❺ P. 39 A7; *instagram .com/librofilo_and_co*). En Koukaki hay estudios de joyería como **Koukeri Sotiria** (PLANO: ❻ P. 39 B7; *sissykoukeri.com*) y **Moloko Plus**

 UNA BANDERA CON HISTORIA

Desde todo el centro de Atenas se puede ver la gran bandera griega ondeando en el extremo este de la Acrópolis. En 1941, al principio de la ocupación nazi durante la II Guerra Mundial, dos chicos adolescentes treparon por el cerro e izaron una bandera griega en este preciso lugar. En la cima de la Acrópolis se verá la placa que recuerda su heroico acto de resistencia.

(PLANO: **7** P. 39 **B7**; *instagram.com/ moloko_jewelry*). Las mejores tiendas están en Odissea Androutsou, p. ej., **Trabala Studios** (PLANO: **8** P. 39 **B8**; *@trabalastudio*), con coloridas cerámicas, o **Area Concept Store** (PLANO: **9** P. 39 **B8**; *area.com. gr*), con ropa y complementos.

Asistir a un curso de cocina vegana o de cerámica

CURSOS DE COCINA Y CERÁMICA

Soybird (PLANO: **10** P. 39 **B6**; *soybird. com; clase desde 60 €*) imparte cursos de cocina –de musaca a *dolmades*– con maridaje de cerveza y vino. También ofrecen salidas al mercado y cursos de cocina asiática.

Para artes plásticas, basta con cruzar la calle y apuntarse a un curso de cerámica en **Uku 79/81** (PLANO: **11** P. 39 **B6**; *@uku.athens; clase desde 60-90 €*), o curiosear sus maravillas.

Ver arte que invita a la reflexión

MUSEO DE ARTE CONTEMPORÁNEO

PLANO: **12** P. 39 **C8**

La antigua cervecera FIX, un enorme edificio proyectado por el arquitecto Takis Zenetos, renació en el 2020 convertida en el **Museo Nacional de Arte Contemporáneo** (*EMST; emst.gr; adultos/niños 8 €/gratis*). Tiene una colección con más de 1400 obras de artistas griegos e internacionales. Además de exposiciones temporales, exhibe unas 150 obras de la colección permanente en tres de los siete pisos del edificio. Casi todas las piezas son críticas con la sociedad y examinan las grandes cuestiones de los tiempos que corren. Después, uno puede subir a la azotea (con una programación de cine en verano) y despejarse con las vistas.

Tantear el arte de vanguardia

GALERÍAS DE ARTE Y FESTIVALES

Las galerías de los barrios de Makrygianni y Koukaki van más allá de los temas que invitan a la reflexión del Museo Nacional de Arte Contemporáneo. **State of Concept** (PLANO: **13** P. 39 **C7**; *stateof concept.org*), en Koukaki, la fundó la crítica y comisaria de arte iLiana Fokianaki con el objetivo de crear debate político. **TAVROS** (PLANO: **14**

 EL TEATRO GRIEGO HOY

No hay mejor manera de empaparse del gran legado cultural de Grecia que asistir a un espectáculo teatral, sobre todo al aire libre. En verano, el **Festival de Atenas y Epidauro** *(aefestival.gr)* programa teatro y música en el Odeón de Herodes Ático (p. 43) y en el teatro antiguo de Epidauro en el Peloponeso. La **Compañía de Teatro Koilon** *(koilon.gr)* representa obras cortas basadas en clásicos griegos en Plaka (may-oct). El Teatro Nacional (p. 138) y la **Ópera Nacional de Grecia** *(nationalopera.gr)* ofrecen espectáculos con sobretítulos en inglés. Eleusis (Elefsina) acoge el **Festival Aeschylia** *(aisxylia.gr)* de finales de agosto a septiembre.

P. 39 **A8**; *tavros.space*), cerca de la estación de metro Tavros, está comisariada por Olga Hatzidaki y Maria Thalia Carras, con debilidad por lo intelectual. También se puede visitar **Dio Horia Gallery** (PLANO: ⓯ P. 38 **E4**; *diohoria.com*) y **Techno-horos Art Gallery** (PLANO: ⓰ P. 38 **E4**; *technohoros.eu*), cerca del Museo de la Acrópolis, o el pequeño e independiente **or.artspace** (PLANO: ⓱ P. 39 **A8**; *orartspace.com*).

El equipo del crítico de arte y comisario Kostas Prapoglou monta instalaciones y exposiciones, bajo el lema **Artefact Athens** *(artefact-athens.org),* en edificios abandonados.

Conviene estar pendiente del **festival Art Athina** *(aavirtual.gr)* de septiembre y de la **Bienal de Atenas** *(athensbiennale.org),* cada dos años. Más información sobre exposiciones en *currentathens.gr.*

Salir una noche al Onassis Cultural Centre   CENA Y ESPECTÁCULO
PLANO: ⓲ P. 39 **B8**

Hay que bajar por Leoforos Syngrou hasta el **Onassis Stegi Cultural Centre** *(onassis.org)* para espectáculos, instalaciones de arte y otros actos culturales de vanguardia. Es la sede ateniense de una fundación cultural creada por Aristóteles Onassis que se ve a la legua, sobre todo de noche, cuando el edificio revestido con tiras de mármol blanco destella luz desde el interior. Reservar mesa con tiempo para excelente cocina griega contemporánea en el restauran-te **Hytra** *(hytra.gr)* del centro, con una estrella Michelin. En verano, se puede cenar en la azotea con vistas a la Acrópolis iluminada.

Abrazar las joyas ostentosas con Ilias Lalaounis   MUSEO DE JOYAS Y JOYERÍA
PLANO: ⓳ P. 38 **D3**

El **Ilias Lalaounis Jewellery Museum** es para los amantes de la moda. Lalaounis engalanó a Elizabeth Taylor y Melina Mercouri, entre otras, y es responsable de un estilo muy griego de joyería atrevida y de oro de inspiración clásica. Hay que ver la colección de 4500 piezas, que incluye desde flores silvestres griegas a motivos precolombinos. En la planta baja hay un estudio de joyería y una tienda de objetos de regalo.

A quienes les entusiasme su trabajo pueden ver lo que hace ahora la familia en la tienda homónima, o en Zolotas, otro negocio familiar, ambos cerca de Syntagma.

Desplazarse con facilidad
BICICLETAS DE ALQUILER Y CIRCUITOS

Recorrer en una bici de alquiler la zona de la Acrópolis es una buena forma de ver los monumentos y despejarse; se pueden alquilar en **Funky Ride** (PLANO: ⓴ P. 38 **E4**; *funkyride.gr*). Y como Atenas tiene cuestas, se puede participar en un circuito en bicicleta eléctrica con **Solebike** (PLANO: ㉑ P. 38 **F4**; *solebike. eu; circuitos desde 39 €*). Sus circuitos guiados en varos idiomas incluyen uno adaptado a los críos.

Lo mejor para...

€ Económico   €€ Medio   €€€ Alto

Comer

Picoteo informal cerca de la Acrópolis

Romatella €
 E5

Pizzas deliciosas por porciones, caseras y crujientes. *12.00-23.00 ma-sa, desde 17.30 do*

This Is Loco €
23 **D6**

Brunch todo el día en un espacio acristalado. Café con leche, muchos platos con huevo y comida mexicana. *8.30-20.00*

Mikro Politiko €
24 **F2**

Lugar pequeño con *souvlaki* o faláfel recién hechos y ensaladas para comer en los bancos de delante. *10.00-19.00*

Greek Stories €€
 E4

Destaca entre la gran oferta turística de delante del Museo de la Acrópolis por sus versiones imaginativas de clásicos griegos. No hay mejor sitio para ver el carrusel humano. *12.00-23.00*

Fresko Yogurt Bar €
 F3

Aquí el rey es el yogur griego. Fresco o en batido, se puede acompañar con chocolate, cerezas negras confitadas, etc. *9.00-23.30*

Tuk Tuk €
27 **C5**

Lugar luminoso y alegre especializado en comida callejera tailandesa (fideos, curris, etc.). Es pequeño y se llena. *17.00-23.50*

Lugares elegantes y vistas de la Acrópolis

Mani Mani €€
 E5

Ricos platos con hierbas aromáticas de la península de Mani en el Peloponeso, como el orzo de marisco con hinojo silvestre. *14.00-23.00*

Point A (Acropolis Point) €€€
29 **D3**

En la azotea del Herodion Hotel, con vistas de la Acrópolis y del Museo de la Acrópolis, sirve especialidades mediterráneas y griegas. *19.00-24.00*

GH Attikos €€
 B3

Clásicos griegos en un entorno informal con vistas a la Acrópolis y una terraza abierta. *12.00-16.00 y 18.00-21.00 lu-sa*

Ellevoro €€
 D4

Restaurante de gestión familiar, con manteles blancos de encaje, velas y mini luces de araña, que sirve platos tradicionales griegos. *19.00-24.00 mi-lu, desde 12.00 do*

Strofi €€€
 B3

Hay que reservar con tiempo para disfrutar de las vistas del Partenón desde la azotea de esta casa regia renovada. Propone carnes y pescados a la parrilla, y el marco, con elegante mantelería blanca y un servicio excelente, sube la experiencia a cotas románticas. *12.00-24.00 ma-do*

55

Lo mejor de Koukaki

Yubaba
33 A7

Relajarse en la esquina de la peatonal Georgiou Olimpiou y disfrutar de platos clásicos y dulces griegos. *16.00-2.00 lu-vi, desde 14.00 sa y do*

Laluk Cafe-Bar
34 A8

Este café pequeño, que absorbe la calma ambiental de Koukaki, tiene una terraza donde sirve *brunch* y comidas ligeras. *8.30-1.30 lu-vi, desde 9.00 sa y do*

El Burro Tacos y Tequila
35 A8

Una de las pocas cantinas mexicanas de Atenas, con tacos, quesadillas, limonada casera y margaritas. *18.00-24.00*

Django
36 D5

Deliciosos helados y sorbetes naturales y caseros en un ambiente moderno y mesas al fresco. *9.00-0.30*

Vegana y vegetariana

Mother Vegan Cafe Bistro
37 A8

Bistró vegano de Koukaki, agradable y de calidad, con una buena carta que cambia, a precios de chollo. *10.00-21.30 ma-do*

Peas
38 D6

Diminuto oasis para comida vegana o crudívora como *seitan* o *souvlaki* de champiñones, hamburguesas vegetarianas y excelentes ensaladas. *12.00-22.00*

Veganaki
39 F4

Aunque este alegre local vegano dé a una calle transitada, su interior transpira calma mientras los clientes disfrutan de faláfel, sándwiches y hojaldres griegos, algunos sin gluten. *9.15-23.45*

Beber

Cafés con estilo

Little Tree Book Cafe
40 D4

Una buena parada, cerca de la Acrópolis, para un café excelente, tentempiés ligeros, libros y un servicio fantástico. *9.00-12.30 ma-do*

Bel Ray
41 B8

Codearse con los *hipsters* de Koukaki en este café-bar de moda en una esquina cerca de Syngrou. *9.00-1.00 do-ju, hasta 3.00 vi y sa*

Hippy Hippo
42 B7

Este café sofisticado, que recoge el ambiente relajado de Koukaki, sirve *brunch* y comidas ligeras. *9.00-24.00*

Lotte Cafe-Bistrot
43 D4

Para refugiarse del ruido del centro urbano en este pequeño café algo cursi, ya sea en la terraza bajo los árboles o en el interior entre libros de viejo y juegos de té. Sirve pasteles caseros y tentempiés ligeros. *8.00-24.00*

Cócteles y vinos

Duende
véase **26** F3

Acogedor *pub* en la zona de la Acrópolis con destellos a *brasserie* parisina, ideal para un vino o *whisky* (pero no para comer ni cócteles). *19.30-2.00*

Materia Prima
44 C7

Elegante bar de vinos de Koukaki comprometido con la vitivinicultura artesanal de Grecia y más allá. *18.00-1.30*

Scamp

 45 **A7**

Fabuloso local abierto a una calle de Koukaki con cafés de día y cócteles de noche, con buen ambiente y buena música. *9.00-3.00*

Hitchcocktales

46 **E4**

Los murales con imágenes de películas de Hitchcock decoran la pared de delante de este bar. Suena animada música *swing, jazz, soul* y *funk. 7.00-3.00 ma-do*

Drupes Spritzeria

47 **D4**

Café y bar de vinos diminuto que sirve café, vinos, aperitivos, *spritz* y picoteo cerca de la Acrópolis. *7.00-22.00*

Sfika

48 **C5**

Amarillo por dentro (*sfika* significa "avispa", quizá sea por eso), este pequeño café-restaurante-bar de barrio tiene un ambiente alternativo/estudiantil y, a veces, música en directo. *14.00-2.00*

Tiki Athens

 49 **E5**

Interiorismo *kitsch* de despedida de soltero, una carta de inspiración asiática y una parroquia joven y alternativa

convierten este local de dos pisos en un lugar divertido para una copa. A veces hay conciertos o DJ. *12.00-4.00*

Batman

 50 **E8**

Un pequeño bar en Neos Kosmos con música griega retro cada noche. Una institución de culto en el circuito nocturno de la capital helena. *21.00-6.00*

Cerveceras artesanas de Koukaki

Blame the Sun

51 **B6**

Cervecería de aire poli-nesio dedicada a las cer-vezas artesanas griegas. *17.00-24.00 o 1.00*

Strange Brew

52 **B8**

Una animada parroquia de *hispsters* la frecuenta para probar sus cervezas de tirador (siempre cambian). *18.00-1.00 lu-vi, 14.00-2.00 sa y do*

Locales de 'drag queens'

Koukles

53 **B8**

Legendaria discoteca de Koukaki con buenos y glamurosos espectáculos de *drag queens. Desde la 1.00 o más tarde*

Comprar

Recuerdos atípicos

Melissinos Art

 54 **F3**

Pantelis Melissinos continúa con la tradición de elaborar sandalias que empezó su abuelo en 1920 y que hizo famoso su padre, el poeta y zapatero Stavros, quien elaboró zapatos para estrellas de Hollywood y VIP. *10.00-18.00 ma-sa*

Lo-Fi Concept

véase **9** **B8**

Se puede llevar un tema en formato digital y convertirlo en vinilo en esta tienda con estilo de Koukaki. *10.00-15.00 lu, 11.00-21.00 ma-vi, 11.00-17.00 sa*

Underflow

 55 **D6**

Una de las mejores tiendas de discos de Atenas especializadas en *rock avant-garde* griego y música poco conocida. También es galería de arte, café y esporádica sala de conciertos. Delante de Koukaki, en Syngrou. *11.00-20.30 lu-vi, hasta 17.00 sa*

Sugerencias de lugares para comer, beber y comprar en **p. 72**

Explora
Monastiraki y Psiri

La concurrida plaza de Monastiraki es uno de los centros neurálgicos de Atenas, donde la gente se encuentra para ir a los bares y establecimientos de *souvlaki*. Al sur está la fascinante Ágora antigua, el primer lugar de encuentro cívico de la ciudad, y el Ágora romana, que es posterior. Y al norte y oeste, Psiri parece descuidado, pero es uno de los barrios más dinámicos, lleno de arte urbano, donde infinidad de bares y restaurantes colindan con naves rehabilitadas, talleres y galerías contemporáneas. De gustar el ajetreo de los mercados, conviene ir temprano al mercado central de Atenas, y las calles aledañas.

Cómo desplazarse

 A pie
Monastiraki se engarza con los vecinos barrios de Psiri, Thisio, Syntagma y Plaka, haciendo que sea fácil pasear y conocer la historia y vida del centro urbano.

 Metro
La estación de metro Monastiraki (líneas azul y verde) está en el centro del barrio, cerca del Ágora antigua y del Ágora romana y de Psiri. La estación Thissio (línea verde) también es práctica para ir a Psiri. Para ir a la zona del mercado, la más cercana es Omonia (líneas verde y roja).

Vista de la Acrópolis (p. 40) desde Plateia Monastirakiou.
MILAN GONDA/SHUTTERSTOCK ©

LO MEJOR

COMPLEJO CLÁSICO
Ágora antigua (p. 62)

CURIOSA CONSTRUCCIÓN ANTIGUA
Torre de los Vientos (p. 68)

MERCADO DE ALIMENTACIÓN
Mercado central de Atenas (p. 67)

BARES
Centro de Atenas (p. 70)

DE COMPRAS
Plateia Avyssinias (p. 65)

A   B   C   D

Plateia
Theatrou   Theatrou

35

Korinis
Epikourou
Evripidou

Plateia Eleftherías
(Koumoundourou)   Evmorfopoulou   Evripidou

Psaromiligkou   Dipylou   Kranaou   Sahtouri   Menandrou   Aristofanous   Estivou   34

PSIRI   Palamidou Riga   Aghion
Anargyron   Katsikogianni   60   Aghiou Dimitriou   Melanthiou   Palladou

Leokoriou   Tombazi   Kriezi   Sairi   Louka   Nika   Olygou   38   45   Plateia Agion
Anargyron   29   33   58   36   Palladou   47   Areos
Eleousas

Tournavitou   40   43   Lepeniotou   Agatharchou   Taki   31   41   Protogenous

KERAMIKOS   Lepeniotou   Ivis   Navarhou Apostoli   Esopou   Mikonos   50   10   57   37   Papanikoli   44   Areos
Eleousas

Plateia Agion
Asomaton   49   32   Aviton   Hristofolidou   Little
Kook   Pittaki   Agias Theklas   Miaouli

Ermou   Leokoriou   Arionos   Karaiskaki   42   Artemidos   Kavvitos   Ermou   Themidos   50

Thissio   Thisiou   Asitngos   39   20   19   Plateia
Avyssinias   TAF   51   8   Mercadillo de
Monastiraki

Adrianou   56   7   Lit Athens   Aghiou Filippou   Norman   9   54   57   Normanou   Ifestou   Monastiraki

ACRÓPOLIS   Kynetou   Mercadillo de
Monastiraki   Nilou   Vrysaki   Adrianou   Areos   Dioskouri   22

Templo
de Hefesto   Biblioteca
de Adriano   3

Panathenaic Way   Museo
del Ágora   Kladou   Dexippou

Ágora
antigua   Peikilis   Areos   Taylantou

Ágora
romana   1

Polygnotou

60

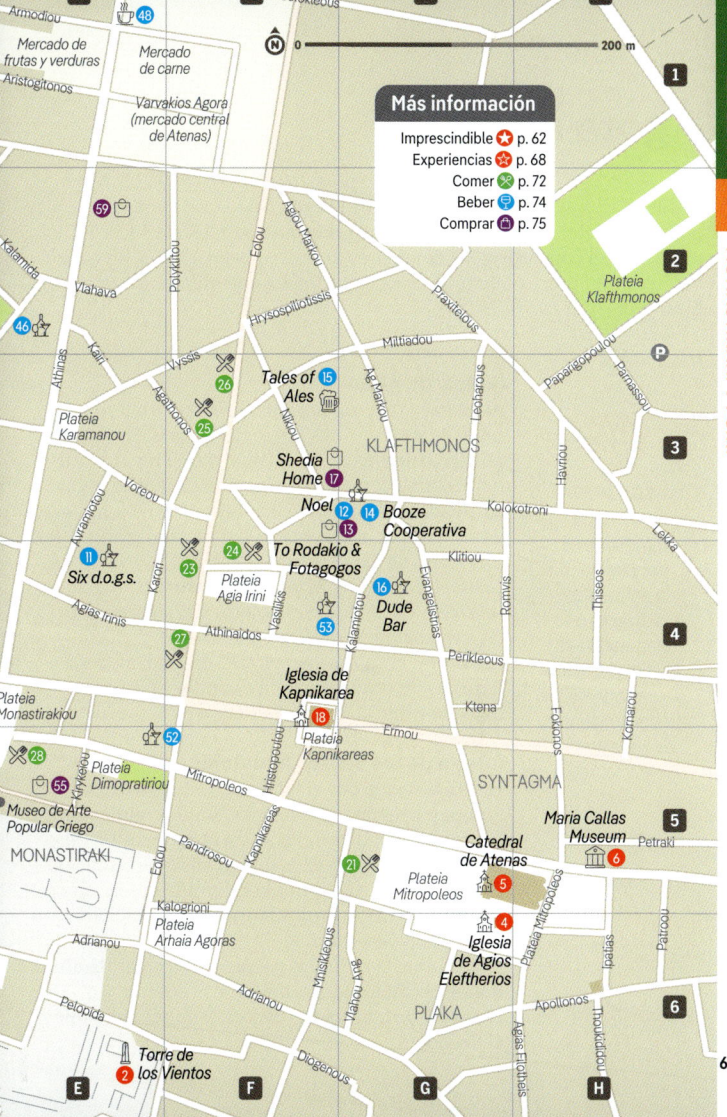

Más información

Imprescindible ⭐ p. 62
Experiencias ✳ p. 68
Comer ✖ p. 72
Beber 🍷 p. 74
Comprar 🛍 p. 75

Armodiou

☕ 48

Mercado de
frutas y verduras

Mercado
de carne

Aristogitonos

Varvakios Agora
(mercado central
de Atenas)

Sofokleous

N   0 ━━━━━━━━━ 200 m

1

Plateia
Klafthmonos

2

59 🛍

Kalamida

Vlahava

Polykleitou

Eolou

Agiou Markou

Praxitelous

Papariggopoulou

Parnassou

Athinas

Kaïri

46 ⛲

Hrysospiliotissis

Miltiadou

Lekka

P

3

✖ 26

Agathonos

25

Tales of
Ales 🍺 15

Ag Markou

Nikou

Lisiou

KLAFTHMONOS

Plateia
Karamanou

Voreou

Shedia
Home 🛍 17

Kolokotroni

Kolokotroni

Noel 12 🍷 14 Booze
      🍷 13 Cooperativa

Harilaou

Thiseos

4

Avramiotou

11 ⛲ To Rodakio &
Six d.o.g.s. 24 ✖ Fotagogos
      23 ✖

Plateia
Agia Irini

Klitiou

16 🍷

Kalamiotou

Vasileos

Evangelistrias

Rodniss

Karaïskaki

Agias Trinis

27 ✖

Athinaidos

53

Dude
Bar

Perikleous

5

Plateia
Monastirakiou

52 ⛲

Iglesia de
Kapnikarea

🏛 18

Ermou

Ktena

Foteou

Karaïskaki

Patroou

SYNTAGMA

Kapnikareas

Plateia
Kapnikareas

Mitropoleos

Hristopoulou

Plateia
Dimopratiriou

Maria Callas
Museum 🏛 6

Petraki

✖ 28

55 🛍

Kydathineon

Museo de Arte
Popular Griego

Pandrosou

Katogrioni

MONASTIRAKI

Eolou

Kapnikaraea

Mnisikleous

21 ✖

Catedral
de Atenas 5

Plateia
Mitropoleos

Plateia Mitropoleos

Agias Filotheis

5

Adrianou

Plateia
Arhaia Agoras

Iglesia
de Agios 4
Eleftherios

Peloplda

Adrianou

PLAKA

Apollonos

Thoukididou

6

Torre de 2
los Vientos

Diogenous

Ágora antigua

Desde el s. VI a.C., el Ágora antigua fue el centro de la vida comercial, política y social de Atenas. Aquí Sócrates expuso su filosofía y san Pablo predicó para convertir a los atenienses al cristianismo. Hoy es un oasis verde con un precioso templo clásico, un interesante museo y una iglesia bizantina.

PLANO: P. 60 **B6**

CONSEJO
La entrada más fiable es por Adrianou; la entrada sur solo abre en temporada alta. A última hora del día hay que visitar primero el templo de Hefesto y la *estoa* de Átalo. first.

Escanea este código QR para información, horarios y precios. Comprar entradas y una guía descargable en hhticket.gr.

'Estoa' de Átalo

Al entrar al Ágora, hay que dirigirse primero a la *estoa* de Átalo de dos pisos, del s. II a.C. Se verá su pórtico columnado construido por el rey Átalo II de Pérgamo como galería comercial que albergaba 42 tiendas. Inicialmente su fachada estaba pintada de rojo y azul, y la gente se reunía aquí para ver la procesión de las Panateneas (p. 161).

En el interior, el **Museo del Ágora** exhibe una selección de los 160 000 objetos hallados durante las excavaciones, que ilustran los usos diarios del ágora: antiguas "papeletas" de voto, monedas, figuritas de terracota. Para disfrutar de las vistas hay que subir al nivel superior.

Iglesia de los Santos Apóstoles

Hay que seguir por el lado sur hasta esta encantadora y pequeña iglesia del s. XI que conmemora la predicación de san Pablo en el ágora (49 d.C.). Ciñéndose al estilo de la época, su ornamentación exterior en ladrillo imita la caligrafía árabe. Alberga bonitos frescos bizantinos, que proceden de una iglesia demolida.

Al noroeste están las ruinas del circular **'tholos'**, donde el Gobierno celebraba sus sesiones, y el **Nuevo Bouleuterion** (consejo), donde se reunía el Senado.

S.BORISOV/SHUTTERSTOCK ©

Templo de Hefesto

En los márgenes occidentales del Ágora está el templo de Hefesto (en la foto), un lugar impresionante para hacer fotos: es el templo dórico mejor conservado de Grecia. Construido en el año 449 a.C. por Ictino, uno de los arquitectos del Partenón, fue uno de los primeros edificios del proyecto de reconstrucción de Pericles, dedicado al dios de la forja y rodeado de fundiciones y herrerías. Cuenta con 34 columnas y un friso en el lado este que representa los Doce Trabajos de Hércules. Está tan bien conservado porque, durante 600 años, y hasta su desacralización en 1934, el templo fue la iglesia de Agios Georgios. En 1922 y 1923 acogió a refugiados de Asia Menor; fotos de la época muestran a familias colgando la colada entre las columnas y tiendas levantadas en su base.

UNA PAUSA
Los cafés turísticos flanquean Adrianou. **Dioskouri** (PLANO: P. 60 **D5**), en una esquina clave, está bien para tomar algo. Para comer bien, ir a **A Little Taste of Home** (p. 72) a solo una manzana.

63

EXPLORA

MONASTIRAKI Y PSIRI

Paseo por Monastiraki y Psiri

Vale la pena dar una vuelta por la zona de la estación Monastiraki, con la Acrópolis en lo alto, los aromas a *souvlaki* que vienen de Mitropoleos y calles peatonales con tiendas irresistibles. Mejor ir un domingo por la mañana para ver el mercadillo y quedarse hasta la tarde para un almuerzo tardío.

INICIO	FINAL	DURACIÓN
Plateia Avyssinias	Protogenous at Athinas	1 km; 2 h

❶ Mercadillos hasta la bandera

En Ifestou, el **mercadillo de Monastiraki** tiene solo tiendas de recuerdos y de moda rápida, con la excepción de la estilosa **Yiannis Samouelian Musical Instruments** (p. 75). Para un ambiente de rastro de verdad, hay que ir a **Plateia Avyssinias,** invadida por los *palaiopoleia* (vendedores de trastos viejos). Hay que ir en domingo, cuando se instalan más vendedores en Astingos y las manzanas cercanas.

❷ Relajado café de las artes

En Psiri y Monastiraki hay espacios polivalentes que funcionan como galería, café y bar. Uno muy conocido es **TAF** (p. 70), un conjunto de casas del s. XIX apenas restauradas, con un patio ajardinado para tomar algo y una tienda de recuerdos.

❸ Las curiosas calles Pallados y Protogenous

Estas calles mezclan tiendas de oficios tradicionales (cordeleros, cesteros) con otras de artículos más modernos, como la subterránea **Color Skates** *(colorskates. com),* donde los atenienses compran sus monopatines, y **The Real Intellectuals** *(therealintellectuals. com),* con accesorios y ropa retro para motociclistas. Los vinilos de la cercana **Syd** *(sydrecords.com)* tampoco tienen desperdicio.

❹ Un alto en el camino

En Protogenous, se puede comer un helado artesanal en **Kokkion** *(kokkion.com).* O pasar a la vecina **Peri Lesvou** *(perilesvou.gr),* una delicatesen con especialidades de la isla de Lesbos. Quien tenga sed puede tomarse un *whisky* o una bebida de café en **Juan Rodriguez Bar** (p. 74), al doblar la esquina.

❺ Artesanías ecuestres

De los antiguos barrios de Psiri especializados en ramos del comercio, el más raro quizá es el de adornos para burros. En el diminuto **Chrysanthos** venden bridas de cuentas y cencerros –si no se tiene un burro, se puede comprar un juego de *komboloís* (cuentas antiestrés)–. Al doblar la esquina, **Mompso** *(mompso. com)* es lo mismo pero en versión encopetada.

❻ Libros y arte

Se cruza Athinas hasta **HYPER HYPO** *(hyperhypo.gr),* una librería de arte y diseño; tiene revistas de editoriales y programa actos en la galería subterránea.

❼ La mejor comida callejera

Si entra hambre, hay que bajar hasta Plateia Agia Irini, donde el pequeño **Kostas** (p. 72) sirve un excelente *souvlaki* de cerdo. Un par de manzanas al norte está **Feyrouz** (p. 72), que prepara un delicioso *lahmajoun* sin carne (pan ácimo untado con pasta especiada y relleno de verduras).

 CIRCUITO A PIE

Paseo por el mercado central

Las calles aledañas al mercado central (o Varvakios Agora) son un regalo para los sentidos, todo color, bullicio y griterío de los vendedores. Por aquí se pueden vivir algunas de las mejores experiencias gastronómicas tradicionales en Atenas, pero también deleitarse la vista con las obras de arte de las galerías del barrio.

INICIO	FINAL	DURACIÓN
Mercado central	Diporto Agoras	1 km; 1 h

❶ Mercado central de Atenas

Vale la pena darse un garbeo por el **mercado central,** enorme edificio de hierro forjado de finales del s. XIX. Cuando está más animado es a primera hora de la mañana o tarde por la noche, sobre todo si se quiere ir a una taberna –una institución ateniense para *patsas* (sopa de callos) perfecta para la resaca– que abren 24 h toda la semana.

❷ Puestos de frutas y verduras

Se cruza Athinas hasta la zona de los **vendedores de frutas y verduras.** Aquí uno descubre lo que es de temporada. A su alrededor se colocan los vendedores de olivas y quesos, y algunas chamarilerías interesantes.

❸ Bazar curioso

Después del mercado, hay que cruzar Aristogitonos y rebuscar entre las curiosidades de la chamarilería **Big Bazaar.** Ocupa dos pisos llenos de tesoros en precario equilibrio.

❹ Especialidades griegas

Hay muchas tiendas de alimentos tradicionales griegos, pero **Pantopoleion Kolios,** al doblar la esquina con Athinas, destaca por su variedad de productos, como alcaparras de Santorini, biscotes cretenses y conservas caseras. Es ideal para comprar recuerdos comestibles, vinos y licores griegos, productos de panadería y quesos.

❺ Tiendas de especias

En las calles aledañas al mercado, los especieros ocupan la acera con sacas con guindillas, capullos de rosa secos y jengibre confitado. **Evripidou** es la calle principal de las especias: un par de manzanas aromatizadas con hierbas mediterráneas y semillas importadas. **Fotsi** *(fotsi.gr)* es la tienda más pintoresca, con sacos de arpillera y tarros llenos de sabores y fragancias.

❻ Delicias de carne

Y para probar productos especiados hay que ir a **Miran** *(miran. gr),* especializada en carne fiambre como *pastourmas* (pastrami, pero más picante). **Karamanlidika tou Fani** (p. 73; *karamanlidika. gr*), una *pastomageireio* (tabernadelicatesen) moderna, vende quesos y embutidos griegos marisco y pescado, vinos curiosos y cervezas artesanas. Ambas tienen mesas para comer *in situ.*

❼ Taberna tradicional escondida

Diporto Agoras, en un local sin señalizar, es una de las casas de comidas más singulares de Atenas. No hay menú, pero la especialidad es el *revythia* (guiso de garbanzos) seguido de pescado a la parrilla, todo ello acompañado de vino de las grandes botas. Quizá haya un acordeonista tocando. Otra opción sería caminar hasta Psiri para ver qué se cuece allí.

Conocer más a fondo el Ágora romana   RUINAS ROMANAS

PLANO: **1** P. 60 **D6**

En el año 86 a.C., los romanos atacaron Atenas, destruyeron las murallas de la ciudad y se llevaron valiosas esculturas a Roma. Durante los tres siglos de Pax Romana, Atenas siguió siendo un importante centro del saber. Los romanos adoptaron la cultura helenística: muchos jóvenes acaudalados asistieron a escuelas en Atenas y todo aquel que era alguien en Roma hablaba griego.

Buena parte del **Ágora romana** (*odysseus.culture.gr; adultos/niños 8 €/gratis),* que fue costeada por Julio César y fue el centro de la vida romana en Atenas, se puede ver desde fuera de la verja, aunque se recomienda entrar. La entrada principal queda al oeste del yacimiento. Está señalizada por la impresionante **Puerta de Atenea Arquegetis,** formada por cuatro columnas dóricas y levantada entre los años 19 y 11 a.C. A la derecha, conviene fijarse en las ruinas de una letrina pública de 68 asientos, para luego seguir hasta la espectacular torre de los Vientos.

Fijarse en los detalles de la torre de los Vientos   ESTRUCTURA HISTÓRICA

PLANO: **2** P. 61 **E6**

En el lado este del Ágora romana se encuentra la ingeniosa **torre de los Vientos,** concebida por Andrónico, un astrónomo macedonio griego, a principios del s. I a.C. Cada uno de sus ocho lados, construidos con mármol pentélico, es un punto cardinal decorado con una figura que representa el viento que viene de esa dirección. Debajo de los relieves se distinguen las marcas del reloj de sol. En su día estuvo rematada por una veleta. El tejado de piedra, uno de los muy pocos de la Antigüedad que se conservan, tiene 24 losas.

Dentro de la torre se distingue la posición que ocupaba una clepsidra, que en su día marcaba la hora con agua de un arroyo que bajaba desde la Acrópolis. En las paredes se aprecia un borroso dibujo romano de un barco, parte de un fresco bizantino de un ángel de cuando se utilizó como iglesia, y caligrafía árabe y un mihrab del período otomano tardío (p. 164).

Imaginarse la Biblioteca de Adriano   BIBLIOTECA ROMANA

PLANO: **3** P. 60 **D5**

Los emperadores romanos, sobre todo Adriano (s. II d.C.), embellecieron Atenas con edificios grandiosos. Se pueden visitar los vestigios del más grande levantado por Adriano, la **Biblioteca de Adriano** (*odysseus.culture.gr; adultos/niños 6 €/gratis).* El complejo fue trazado como un típico foro romano, con un estanque en el centro de un patio flanqueado por 100 columnas. No era solo una biblioteca, también albergaba salas de música y de conferencias. Al visitarla es necesario utilizar la imaginación, aunque el muro oeste de la biblioteca ha sido restaurado. Más allá solo quedan ruinas de la biblioteca, pero también dos iglesias de los ss. VII y XII.

Visitar una exquisita capilla bizantina   IGLESIA HISTÓRICA

Quien se fije en la minúscula **iglesia de Agios Eleftherios** (PLANO: ④ P. 61 **G6**), del s. XII, también dedicada a Panagia Gorgoepikoos (Virgen que concede mercedes), podrá conocer un poco la historia religiosa de Atenas. La iglesia de mármol con planta cruciforme se construyó sobre las ruinas de un templo antiguo y en su fachada se mezclan bajorrelieves de bestias medievales y dioses antiguos, y columnas aprovechadas de estructuras anteriores. El interior no conserva los frescos originales, pero en el marco de mármol de la puerta se verán restos de pintura. Ahora ha quedado eclipsada por la **catedral de Atenas** (PLANO: ⑤ P. 61 **G5**), de 1862, la actual sede arzobispal de la Iglesia ortodoxa griega de Atenas.

Se puede ver más arquitectura bizantina en la iglesia de los Santos Apóstoles en el Ágora antigua (p. 62), el monasterio de Petraki (p. 106) en Kolonaki, y cerca de Atenas, en Moni Dafniou y Moni Kaisariani. Y arte en el excelente Museo Bizantino y Cristiano (p. 105).

Buscar la inspiración en el Maria Callas Museum   MUSEO

PLANO: ⑥ P. 61 **H5**

Se pueden pasar 1 o 2 h en el **Maria Callas Museum** (*maria callasmuseum.gr; adultos/niños 10 €/gratis*), dedicado a la famosa soprano griega Maria Callas (1923-1977). Con un registro vocal de casi tres octavas, una carrera que encandiló y una vida que despertó mucho interés, Callas fue un genio musical y una celebridad mundial. El museo desvela los recuerdos de su vida y su fama describiendo sus relaciones con la familia a través de cartas y su carrera a través de carteles, programas, partituras y vestidos.

 GOBIERNO BIZANTINO

A finales del s. IV, el cristianismo se convirtió en la religión oficial de Atenas y se prohibió el culto a dioses griegos "paganos". Cuando el Imperio romano se dividió entre el de Oriente y el de Occidente, Atenas siguió siendo un importante centro cultural e intelectual hasta que el emperador Justiniano cerró sus escuelas de filosofía en el año 529. La ciudad decayó y, entre 1200 y 1450, fue invadido sin tregua por los francos, los catalanes, los florentinos y los venecianos, todos ellos ansiosos por arrebatar principados del desmigajado Imperio bizantino.

La planta superior cuenta con salas temáticas donde se la puede escuchar cantando arias de *La Traviata* de Giuseppe Verdi de 1958 y *Tosca* de Giacomo Puccini de 1964. Tampoco tienen desperdicio sus clases magistrales de 1971-1972 en Julliard, donde describe con todo lujo de detalles sus técnicas y el motor de su motivación.

Salir de fiesta por el centro de Atenas   CAFÉS Y BARES

La zona de cafés y bares de Atenas se extiende por Syntagma (p. 91), Monastiraki (p. 74), Psiri (p. 74), y hasta Keramikos y Gazi (p. 168). Los cafés-bares raramente se dedican a una sola cosa. Se puede empezar el día con un café y *brunch* en **Lit Athens** (PLANO: **7** P. 60 **B4**; *@lit.athens*), junto a un pequeño parque, para ver el carrusel humano. Después, darse una buena dosis de arte o tomar algo en **TAF** (PLANO: **8** P. 60 **C4**; *@taf_theartfoundation*), un conjunto de edificios de ladrillo de la década de 1870. El patio central es un café-bar que se llena con una parroquia joven y variopinta, y las salas circundantes funcionan como galerías, espacios para DJ y una tienda de recuerdos. Después se puede tomar un cóctel imaginativo en **Norman** (PLANO: **9** P. 60 **C4**; *@norman.athens*) y, acto seguido, salir de compras.

Los cafés y bares de Psiri se abren en abanico desde las calles Agion Anargyron y Sarri, donde se puede disfrutar de un café tranquilo de día y de unos cócteles de noche. Por ejemplo, en **Little Kook** (PLANO: **10** P. 60 **C3**; *facebook. com/littlekookgr*), donde su fantasioso interior cambia cada temporada. Probablemente este sea el lugar de Atenas que sale más en Instagram, después de la Acrópolis, por el gran impacto visual que produce su material de atrezo, pinturas y adornos.

Salir por la plaza Agia Irini   VIDA NOCTURNA ARTÍSTICA

En la plaza Agia Irini y la calle Kolokotroni hay bares con mucho arte, como el rústico jardín trasero de **Six d.o.g.s.** (PLANO: **11** P. 61 **E4**; *sixdogs.gr*), también un rincón maravilloso donde tomarse un café tranquilo de día. Aquí se montan grandes fiestas *dance,* conciertos y ocasionales eventos de arte.

Noel (PLANO: **12** P. 61 **G3**; *@thenoel bar*) hace honor a su nombre, con su sofisticada decoración navideña. Se puede saborear una copa bajo tenues luces de arañas y sexis maniquíes decorativos. En la parte de atrás se esconde **To Rodakio & Fotagogos** (PLANO: **13** P. 61 **G3**; *facebook.com/ToRodakio*), una encantadora librería y galería.

Al lado está **Booze Cooperativa** (PLANO: **14** P. 61 **G3**; *boozecooperativa. com*), que de día se llena de jóvenes jugando a juegos de mesa y de noche es un bar animadísimo hasta las tantas. En el sótano se montan exposiciones y en el piso de arriba hay un teatro. Y si después apetece una cerveza artesana, unas manzanas al norte está **Tales of Ales** (PLANO: **15** P. 61 **F3**; *talesofales.gr*).

Se puede copear prácticamente hasta el alba en **Dude Bar** (PLANO: **16** P. 61 **G4**; *@dude_bar*) que ameniza las veladas con *funk* y *soul* poco conocidos.

Involucrarse en un café y galería de arte con conciencia social
CAFÉ Y GALERÍA

PLANO: **17** P. 61 **F3**

Shedia (*shediahome.gr*), que significa "balsa", es una fabulosa organización sin ánimo de lucro que ayuda a personas que viven en la pobreza. Edita una revista mensual que se vende en la calle y la versión anual en inglés en venta en su elegante café, bar y restaurante Shedia Home en Monastiraki. Los ejemplares no vendidos se aprovechan para crear artículos para el hogar y accesorios de papel maché que se venden en el café, en línea

y en tiendas de objetos de regalo. Se puede contactar antes con ellos a través de la web para participar en uno de sus **Invisible Tours of Athens,** con guías que, en algún momento, han vivido en la calle.

Descubrir la iglesia de Kapnikarea
IGLESIA

PLANO: **18** P. 61 **F4**

De salir de compras por **Ermou,** la principal calle comercial, se pasará por grandes almacenes y *boutiques* locales e internacionales. Pero también se topará con la pequeña **iglesia de Kapnikarea,** del s. XI, consagrada a la Virgen. Sigue en medio de esta calle comercial porque la Universidad de Atenas la salvó de la picota y la restauró. La cúpula se apoya sobre cuatro grandes columnas romanas y, si está abierta, se recomienda entrar: casi todos los frescos del interior los pintó el famoso artista Fotis Kontoglou en 1955.

 LOS DEPORTES EN ATENAS

A los atenienses les encantan los deportes en equipo –hay grafitis en su honor por todas partes–. Los mejores equipos de fútbol de Grecia son **Panathinaikos** *(pao.gr)* y **AEK** *(aekfc.gr),* con sede en Atenas, y **Olympiacos** *(olympiacos.org),* sus adversarios, con sede en El Pireo. Para información sobre partidos, consultar las webs de los clubes, la prensa o ticketmaster.gr. Los atenienses también son muy aficionados al baloncesto. De nuevo, Panathinaikos *(paobc.gr),* AEK *(aekbc.gr)* y Olympiacos *(olympiacosbc.gr)* son los clubes más grandes. Incluso se encontrará una tienda de *merchandising* dedicada a la estrella ateniense Giannis Antetokounmpo *(antetokounbros.com)* en el aeropuerto de Atenas. Consultar horarios en basket.gr. Los partidos se juegan en el **Estadio Olímpico de Atenas** de 18 000 localidades o en el **Estadio Georgios Karaiskakis** y el **Estadio de la Paz y la Amistad** (para baloncesto).

Lo mejor para...

€ Económico €€ Medio €€€ Alto

Comer

'Comfort food' en Monastiraki

Café Avissinia €€
19 C4

Música en directo y *mezedhes* variados en este bistró clásico del mercado de antigüedades. Vistas de la Acrópolis desde el piso de arriba. *13.00-24.00 ma-ju, desde 12.00 vi-do*

A Little Taste of Home €€
20 B4

Sirve diversos platos de todo el mundo, deliciosos y recién hechos. *13.00-22.00 ma-do*

Philosopheat €€
21 G5

En una céntrica calleja y con rica cocina mediterránea (léase italiana y griega) maridada con una amplia carta de vinos. *13.00-24.00 ma-do*

Maiandros €€
22 D5

Bastante mejor que las insípidas tabernas de la peatonal Adrianou, cerca del Ágora antigua. Personal simpático y música *bouzouki* en directo algunas noches. *10.30-24.00*

EATERY €€
23 F4

Se agradece un sitio como este, que sirve comida griega y mediterránea bien hecha al momento. Y cuando aprieta el calor, nada mejor que sus cócteles helados. *9.00-23.00 do-ju, hasta 24.00 vi y sa*

Tentempiés y comida callejera en Monastiraki

Kostas €
24 F4

Llegar pronto a esta minúscula tasca de la bonita Plateia Agia Irini por su excelente *souvlaki* de cerdo o *bifteki* (hamburguesa condimentada). *12.00-18.00 lu-vi*

Localizaciones en el plano de la **p. 60**

Feyrouz €
25 F3

Fabulosa opción, apta para vegetarianos, que prepara un exquisito *lah-majoun* (pan ácimo con verduras especiadas) sin carne. *12.00-22.00 lu-ju, hasta 23.00 vi y sa*

Falafellas (Atenas) €
26 F3

Acercarse a este mostrador de Aiolou para deliciosos faláfels despachados a pie de calle. *11.00-23.00 lu-ju, hasta 24.00 vi y sa*

Lukumades €
27 F4

Excelentes buñuelos griegos mojados con miel y canela, o con cualquier tipo de chocolate, fruta o helado. *8.00-1.00 lu-ju, hasta 2.00 vi y sa, 9.00-1.00 do*

O Thanasis €
28 E5

En el corazón ateniense del *souvlaki*, en Plateia Monastirakiou; un buen sitio para sentarse cómodamente y ver pasar a la gente. Sus kebabs de carne picada sobre pita tienen mucha fama.

El servicio puede ser irregular. *9.00-2.00 lu-vi, hasta 3.00 sa y do*

Los elegidos de Psiri

Nikitas
29 C3

Consagrada taberna que sirve sabrosa comida tradicional, sencilla y a precio razonable desde antes de que Psiri se pusiera de moda. *12.00-19.00 do-mi, hasta 23.00 ju-sa; cerrado ago*

Krasopoulio tou Kokkora
30 C3

Comida de taberna, genuina y deliciosa, servida en un comedor acogedor y en la terraza. *12.30-23.00 sa-ju, desde 15.00 vi*

Bandiera
31 C3

Reservar con tiempo para probar su rica cocina mediterránea acompañada de una carta de vinos infalible en un entorno un pelín sofisticado. Es ideal para una cita por la noche. *13.00-23.00 ma-do*

Atlantikos
32 B4

Es fácil pasar de largo de este pequeño y moderno restaurante de pescado escondido en una callecita –hay que buscar a la gente que charla alegremente sobre platos llenos de cáscaras de gambas–. Es sencillo e informal, a juego con los precios bajos. *13.00-1.00*

Kalimeres
33 C3

Con mesas ocupando una calle peatonal y buena música, es un maravilloso local informal para un *brunch,* y copas y tentempiés todo el día. *9.00-2.00*

Avli
34 D2

Animado y rozando lo caótico las noches de fin de semana –hay que apretujarse por el estrecho pasillo que desemboca en el patio donde se come–. Las *keftedhes* (albóndigas fritas) y la tortilla de patatas fritas y salchicha son perfectos acompañamientos para las bebidas. *13.00-2.00 mi-lu*

Klimataria
35 C1

Un restaurante de gestión familiar en el corazón de Atenas con un siglo en su haber y conocido por su bonito jardín y sus regulares conciertos de música griega. *12.00-24.00 o 1.00*

L'Arte del Gelato
36 D3

¡Una pausa para un helado! Los deliciosos sabores cambian en función de lo que el obrador prepare ese día. *10.00-12.30 o más tarde*

Panaderías y delicatesen de Psiri

To Koulouri tou Psyrri
37 C3

Con suerte se coincidirá cuando una bandeja con el mejor pastel de naranja de la ciudad salga del horno. *24 h*

Artos Venetis
38 B2

Singular tienda esquinera con estanterías llenas de artículos horneados, desde *cookies* a empanadillas, más chocolates y sándwiches. *6.00-20.00 lu-sa*

Karamanlidika tou Fani
39 B4

Moderna *pastomageireio* (taberna-delicatesen) con expositores llenos de embutidos, fiambres, etc. junto a las mesas. Tiene otro local (p. 19) cerca del mercado central. *13.00-23.00 ma-vi, desde 12.00 sa y do*

Athenian Deli
40 B3

Popular delicatesen con toda suerte de productos artesanos: quesos, embutidos, dulces, panes, etc.

Hay algunas sillas y una bodega. *7.30-15.00 lu-mi, hasta 21.00 ju-do*

Bougatsadiko Thessaloniki

41 D3

Excelentes *pites* (pasteles), con pasta de hojaldre que se enrolla a mano cada día –se puede ver al panadero metido en faena–. La *bougatsa* (con crema) es ideal para desayunar, los pasteles de carne sientan de maravilla después de unas copas, y el *spanako-pita* (pastel de espinacas) es un acierto a cualquier hora. *7.00-1.00*

Beber

Salir de noche por Psiri

Luv N Roll

42 C4

¿En el mercado para un tatuaje o *piercing*? ¿O un cóctel delicioso y platillo con vistas a la Acrópolis desde la azotea? Todo esto y más entre los bares de Psiri (p. 70). *12.00-1.00 ma-ju y do, hasta 2.30 vi y sa, 18.00-1.00 lu*

BackdooR

43 A3

Libertino, encantador y LGTBIQ-*friendly,* con

fabulosos DJ, música en directo y espectáculos y, para colmo, cócteles deliciosos. *19.30-3.00 do-ju, hasta 4.00 vi y sa*

Old Fashioned Bar

44 D3

Bar pequeño con música *soul,* Guinness de barril y personal simpático. Para sentarse en la acera y ver la vida pasar. *12.00-15.00*

Styl & Cafe Ltd

45 C2

Presidiendo un fantástico nexo peatonal de cafés y bares en la calle Agion Anargyron, es ideal para un café tranquilo de día o unas copas de noche. *8.00-2.00*

Juan Rodriguez Bar

46 E2

Para arrimarse a la barra de su recargado interior en invierno, cuando es especialmente acogedor. En verano, toca sentarse a las pocas mesas al fresco que hay entre vendedores de objetos de plástico y hojalata. *10.00-3.00*

Tranzistor

47 D3

Lugar pequeño y molón con una barra retroiluminada o mesas fuera. Es uno de los pocos bares tranquilos de esta calleja. *9.00-4.00 lu-sa, desde 11.00 do*

Café tradicional

Mokka

48 E1

Para tomarse un café griego antes de ir al mercado central (p. 67): hierven el café a la manera tradicional, en arena caliente, y lo sirven en un cazo de cobre. *6.00-17.00 lu-sa*

Kafeneio Ivis

49 B4

Este acogedor local esquinero, con su luminoso y artístico interior, es ideal para un café griego por la tarde. También cuenta con sencillos *mezedhes* recién hechos para acompañar con buenos *ouzo* y *raki*. *12.00-1.00*

Bares de azotea

A for Athens

50 D4

El café-bar de azotea de este hotel de Monastiraki es extraordinario, con vistas de 360° y un ambiente animado. *16.00-24.00*

Couleur Locale

51 C4

En una galería comercial de Monastiraki, este animado bar-restaurante con vistas de la Acrópolis está encima de The Project Gallery. Se sube en ascensor. *10.00-2.00 do-ju, hasta 3.00 vi y sa*

City Zen
 52 F5

Otra azotea favorita para disfrutar de un café o cóctel con vistas privilegiadas de la Acrópolis (mejor si se evita la comida). *9.00-4.00*

Bares con espectáculos
Faust
 53 F4

Ruidoso, subido de tono, divertido y peculiar: el ecléctico y popular bar Faust programa de todo en su pequeño escenario. Algunos espectáculos son gratuitos, pero otros, de pago. *20.00-hasta tarde lu-ju, desde 17.00 vi-do, sep-may*

Comprar

Objetos de colección atípicos
Yiannis Samouelian
 54 C5

La tienda donde comprar el *bouzouki* soñado, encajada entre otras más genéricas de Ifestou, en el mercadillo de Monastiraki (p. 65). Comercia con instrumentos musicales de todo el mundo desde 1928. *11.00-20.00*

Martinos
 55 E5

Esta institución de Monastiraki abrió en 1890 y cuenta con una excelente colección de antigüedades griegas y europeas, como baúles pintados, iconos, cristalería y porcelana. *10.00-15.00 lu, mi y sa, hasta 18.00 ma, ju y vi*

Mon Coin
 56 B4

Cerámica contemporánea y demás artesanías modernas de toda Grecia llenan esta tiendecita. *10.00-18.00 lu-sa*

Complementos hechos a mano
Olgianna Melissinos
 57 C5

Heredera del legendario poeta/zapatero de sandalias Stavros Melissinos (junto con su hermano Pantelis, que tiene una tienda aparte), Olgianna elabora sandalias a medida, elegantes cinturones y bolsos. También acepta encargos. *10.00-18.00 mi, sa y do, hasta 20.00 ma, ju y vi*

Kartousa
 58 C3

Tienda pequeña donde brillan su joyería y objetos decorativos, eclécticos y rústicos. *11.00-20.00 ma-sa, desde 12.00 do*

Pan-Pol
 59 E2

Tanto si uno quiere un *fedora* verde musgo o una gorra marinera griega no turística, esta tiendecita lo tiene. El taller está en el piso de arriba. *10.00-17.00 lu, mi y sa, hasta 19.00 ma, ju y vi*

Galerías de arte
A.antonopoulou.art
 60 C2

En un laberinto de bloques con excelente arte urbano, esta galería cambia a menudo sus exposiciones de arte contemporáneo. Está al doblar la esquina desde la galería Alibi, con su cartera de pintores transgresores. *14.00-20.00 mi-vi, hasta 16.00 sa*

Sugerencias de lugares para comer, beber y comprar en **p. 90**

Explora
Syntagma y Plaka

El barrio que envuelve Plateia Syntagmatos (plaza de Syntagma), el corazón de la Atenas moderna, es un hervidero de actividad comercial de día, pero cuando las tiendas cierran, abren muchos restaurantes pequeños y bares. La plaza está presidida por el Parlamento griego y colinda con el exuberante Jardín Nacional. Cerca, al suroeste, late el corazón de la Atenas antigua, Plaka, donde las callejas serpentean entre mansiones neoclásicas y bonitas tabernas. Es la zona cero del turismo, donde aún residen vecinos de toda la vida. Aquí se podría pasar casi todo el día perdiéndose por sus calles peatonales, callejas interesantes y escaleras.

Cómo desplazarse

 A pie
Esta zona es más fácil explorarla a pie porque las calles son estrechas y los aparcamientos, escasos.

 Metro
La estación de metro Syntagma (líneas azul y roja) está en el corazón de la ciudad. Se saldrá precisamente a Plateia Syntagmatos, cerca de Plaka. Desde las estaciones Monastiraki (líneas azul y verde) y Akropoli (línea roja) se puede ir a pie hasta Plaka.

 Tranvía
Los tranvías que van a la costa (p. ej. a El Pireo y Glifada) salen de Plateia Syntagmatos.

Una calle de Plaka.
ADISA/SHUTTERSTOCK ©

LO MEJOR

RITUAL VISTOSO
Cambio de guardia (p. 84)

BARRIO HISTÓRICO
Anafiotika (p. 86)

ESPACIO VERDE
Jardín Nacional (p. 85)

CINE AL AIRE LIBRE
Cine Paris (p. 18)

MUSEO PEQUEÑO
Museo Judío de Grecia (p. 88)

Más información

Experiencias ⭐ p. 84
Comer ✕ p. 90
Beber 🍸 p. 91
Comprar 🛍 p. 92

0 _____ 200 m

Biblioteca Nacional

Universidad de Atenas

M Panepistimio

Museo de Historia Nacional

Plateia Kolokotroni

Estoa Emporon

Estoa Pesmazoglou

Estoa Anatolis

Estoa Orfanidou

OMONIA

Plateia Klafthmonos

KLAFTHMONOS

Estoa Praxitelous

Plateia Kotzia

Vanzalos Agora (mercado central de Atenas)

Plateia Karamanou

Plateia Agia Irini

Plateia Kapnikareas

Plateia Monastirakiou

Tumba del
Soldado Desconocido   1   2   Parlamento

Plateia
Syntagmatos

Jardín
Nacional   5

JARDÍN
NACIONAL

Palacio   6
Zappeion

Aegli   7
Cinema

Jardines
del Zappeion

Zappeion

Leof. Vasilissis Amalias

Parada
del tranvía

Olthonos

Plateia
Syntagmatos

Xenofontos

Filellinon

Plateia
Rallou Manou

Museo Judío
de Grecia   22

Baños
romanos   8

Leof. Vasilissis Olgas

Templo de
Zeus Olímpico

SYNTAGMA   30

66   41

Skoufou   34   53

33   57

Voulis

Skopa   54   64

Pendelis

Stadiou

53

32

Petraki

49

Ermou

71

Apollonos

PLAKA

Ipitou

Patrou   27

Thoukididou

Agias Filotheis

Adrianou

61   43

Navarhou Nikodimou

Kodrou

Plateia
Sotiros

Saltas

Angelou Geronta

Museo de Arte
y Tradiciones
Populares   26

Cine Paris   25

58

62

47

Nikis

Tsatsou

Sina

Asteriou Tsangari

Hrysostomou

Dedalou

Periandrou

59

Iglesia de
Agia Ekaterini

17   27

Farmaki

Aiolou

Thalou

Lysikratous

Vakhou

Tripodon

53

Aphrodis

Shelley

Farmaki

Iglesia de
San Jorge
de la Roca

40

Rangava   65

Stamatopoulos

28   55

Iglesia de
Agioi Anargyroi

16

Anafiotika

15

Iglesia de
San Jorge   19

Prytaniou

Stratonos

Plateia
Mitropoleos

Mitropoleos

Mnisikleous   57   21   60

Vlahou Ang

Erechtheos

Kirrstou

Lysiou

MONASTIRAKI

Plateia
Amalia Agoras

Pelopida

Diogenous

Museo de Instrumentos
Populares Griegos   20

Casa de Baños
de los Vientos   24

Thrassyvoulou

Epaminonda

Roman
Agora

Mnisiou

Iglesia de la
Metamorfosis   18

Iglesia de
Agioi Anargyroi

56

14

Mouseiou

Plateia
Dimopratiou

Pandrosou

Plateia
Dimopratiou

Teatro
de Dioniso

ACRÓPOLIS

79

🏃 CIRCUITO A PIE

Paseo por Plaka y Syntagma

Esta ruta se aparta de la turística Plaka para adentrarse en la antigua Atenas –casi toda peatonal– por calles estrechas que suben sinuosas por la ladera noreste de la colina de la Acrópolis, y por el laberíntico barrio de Anafiotika. Incluso la moderna Syntagma revela vestigios de la historia si se sabe donde buscar.

INICIO	FINAL	DURACIÓN
Mnisikleous, Plaka	Stadiou, Syntagma	2,4 km; 2 h

① Escaleras pintorescas

La ruta empieza en las escaleras probablemente más fotogénicas de Plaka, Mnisikleous, flanqueadas por cafés. Los vecinos frecuentan el **Yiasemi** *(yiasemi.gr)* para desayunar su bufé vegetariano y sus pasteles. Hay que sentarse en las escaleras con un cojín y formar parte de la postal.

② Una isla en la ciudad

Cuesta arriba, el pequeño **Anafiotika** (p. 86) nació a mediados del s. XIX, cuando los albañiles de Anafi quisieron reproducir las construcciones de su isla natal: casas enjalbegadas y geranios. Theorias, una callecita que sube desde Pritaniou, es preciosa. Al zigzaguear de bajada por Stratonos, por el lado sureste, se pasará por un sorprendente parque/olivar.

③ Iglesia bizantina

La **iglesia de Sotira Lykodimou** (1031) es la estructura medieval más grande de Atenas. Ha pertenecido a la Iglesia ortodoxa rusa desde 1847, cuando se contrató a Nikiforos Lytras, por entonces profesor de la Escuela de Bellas Artes y más tarde conocido por sus retratos, para pintar los iconos asombrosamente realistas.

④ Escapada sofisticada

No hace falta alojarse en el hotel más prestigioso de Atenas para disfrutar de su esplendor antiguo. Construido en 1862 para acomodar a los jefes de Estado, el **Grande Bretagne** (p. 84), en Plateia Syntagmatos, ofrece un remanso de paz al bullicio urbano en su restaurante-bar de la azotea con vistas a la Acrópolis, el **GB Roof Garden** (p. 92).

⑤ Dosis de café y chocolate

Las galerías comerciales del centro esconden tesoros como la cafetería **Kaya.** Para dulces conviene pasar por **Aristokratikon** *(aristokratikon.com),* que elabora bombones 1928. Está en el pequeño barrio de frutos secos y dulces cuyo centro es Karageorgi Servias.

⑥ Historia subterránea

Es fácil pasar de largo la entrada al sótano de **Koraï 4** *(facebook.com/korai4)* porque está entre cafeterías. Durante la ocupación alemana en la II Guerra Mundial, la Gestapo utilizó estas salas como calabozos, y las paredes conservan inscripciones y dibujos con mensajes de los prisioneros.

⑦ Un bar para viajar en el tiempo

Otro secreto alojado en una galería comercial: **Galaxy Bar** (p. 91), un establecimiento de otra época que, cuando se inauguró en la década de 1970, era el summum de la modernidad porque tenía solo una barra, al estilo europeo, sin mesas. Su estilo actual queda resumido en las fotos enmarcadas del Rat Pack y Franz Kafka.

CIRCUITO A PIE

Paseo por el centro de Atenas

El bullicioso centro de Atenas es mejor conocerlo a pie. Abarca casi todos los yacimientos arqueológicos importantes, museos y el centro neurálgico de la vida ateniense, que se extiende por los barrios de Plaka y Monastiraki.

INICIO	FINAL	DURACIÓN
Plateia Syntagmatos	Mercadillo de Monastiraki	3 km; 3 h

❶ Plaza central de Syntagma

Plateia Syntagmatos (plaza de Syntagma), considerada el centro de Atenas, ha sido el lugar predilecto para las protestas desde la manifestación que condujo a la concesión de una Constitución *(syntagma)* el 3 de septiembre de 1843. Se recomienda asistir al cambio de guardia que tiene lugar cada hora en la **Tumba del Soldado Desconocido** (p. 84) delante del Parlamento.

❷ Templo gigantesco

Hay que atravesar el **Jardín Nacional** (p. 85) para disfrutar del aire puro y la vegetación, saliendo por el sur hasta el **templo de Zeus Olímpico** (p. 114), los vestigios del templo más grande jamás construido. Después se sale por la verja para ir la esquina noroeste del yacimiento y ver el **Arco de Adriano** (p. 118), la decorada puerta que indicaba los límites de la Atenas de Adriano.

❸ Curioso monumento teatral

Se cruza Leoforos Vasilissis Amalias y se sube por Lysikratous hasta Plaka, donde está el **monumento de Lisícrates,** del año 334 a.C., el único que queda de los monumentos que antaño flanqueaban esta calle hasta el **Teatro de Dioniso** (p. 40), escenario de certámenes teatrales.

❹ Barrio evocador

Al dejar atrás el monumento, hay que girar a la izquierda y después a la derecha por Epimenidou. Al final de las escaleras toca girar a la derecha por Stratonos, que bordea la Acrópolis. Justo delante está la **iglesia de San Jorge de la Roca** (p. 87), que señala la entrada a **Anafiotika** (p. 86), un pintoresco barrio de casas enjalbegadas. Se puede dar una vuelta por él y acto seguido ir hasta Theorias pasando antes por la diminuta **iglesia de Agios Simeon.**

❺ Vistas de las ágoras antiguas

Se baja por la peatonal Diaskouro pasando por el **Ágora antigua** (p. 62), que queda a la izquierda, y el **Ágora romana** (p. 68), a la derecha. Son los centros cívicos de la Atenas clásica helenística y de la Atenas romana, respectivamente.

❻ Catedrales de Atenas

Hay que enfilar hacia el norte hasta **Plateia Mitropoleos,** donde están la catedral de Atenas y su vecina más pequeña pero históricamente más significativa, la **iglesia de Agios Eleftherios** (p. 69), del s. XII, que se construyó con restos de templos antiguos y monumentos paleocristianos.

❼ Animado mercadillo

Finalmente, se sube por Mitropoleos hasta la colorida y caótica **Plateia Monastirakiou.** Si se baja por Ifestou a la izquierda queda el **mercadillo de Monastiraki** (p. 65), la entrada a la zona comercial del distrito.

EXPERIENCIAS

Asistir al cambio de guardia

RITUAL JUNTO A LA TUMBA

Una foto imprescindible sería la de los *evzones* (guardias presidenciales) ataviados con los tajes tradicionales flanqueando la **Tumba del Soldado Desconocido** (PLANO; ❶ P. 79 **F5**), un cenotafio dedicado a los soldados griegos caídos en guerra, que queda debajo del neoclásico edificio del **Parlamento** (PLANO; ❷ P. 79 **F5**), inicialmente el palacio real. Cada hora en punto se efectúa el relevo.

También hay *evzones* apostados en Irodou Attikou, detrás del Parlamento, y es fascinante verlos aquí, lejos de las cámaras de los turistas, llevando a cabo su pompa ritual, incluso de madrugada. Los domingos a las 10.30, un pelotón acompañado por una banda sale de Irodou Attikou, y desfila por Vasilissis Sofias hasta la tumba para la ceremonia de las 11.00. El uniforme de los *evzones* –la *fustanella* (falda) y los zapatos con borlas– es un reflejo del atuendo que vestían los *klephts,* los bandoleros de las montañas que lucharon en la guerra de la Independencia.

Disfrutar de un té o unos cócteles con vistas a la Acrópolis

HOTEL HISTÓRICO

PLANO; ❸ P. 78 **E4**

El alojamiento más prestigioso de Atenas es –y ha sido durante siglos– el **Grande Bretagne** (marriott.com), en Plateia Syntagmatos. Esta majestuosa residencia privada, construida a mediados del s. XIX, ha sido un hotel desde 1874. Los interiores rezuman encanto de otra época, sobre todo el **Winter Garden** con su techo de vitrales, donde se puede disfrutar de un té completo, y el **Alexander's Bar** decorado con un tapiz espectacular. No hace falta alojarse aquí para disfrutar de una copa o comida en su panorámico GB Roof Garden (p. 92).

 TODO SOBRE LOS 'EVZONES'

Los ciudadanos griegos de entre 18 y 45 años hacen el servicio militar, que dura entre nueve meses y un año. Los que miden al menos 1,87 m y están en las mejores condiciones mentales y físicas son seleccionados para convertirse en *evzones*. Los *evzones,* regimiento de élite creado en 1867, fueron en su día guardias fronterizos de Grecia, pero hoy custodian el Parlamento y el Palacio Presidencial. Su característico uniforme incorpora elementos que representan la historia moderna de Grecia: los 400 pliegues de su *fustanella* (falda) simbolizan la liberación de Grecia tras cuatro siglos de ocupación otomana. Visten uniforme blanco los domingos y, en ocasiones oficiales, caqui en verano y azul marino en invierno.

Conocer la historia griega moderna
MUSEO HISTÓRICO

PLANO: **4** P. 78 **D3**

El edificio viejo del Parlamento en Plateia Kolokotroni alberga el **Museo de Historia Nacional** (*nhmuseum.gr; adultos/niños 10 €/ gratis*), que explica cómo se creó la nación moderna de Grecia en el s. XIX. La colección es ecléctica: espadas antiguas, mascarones de proa, retratos de generales con mostacho, joyería tradicional y trajes típicos. También hay una copia del óleo *La matanza de Quíos* (1824) de Eugène Delacroix y la cama de campaña que Lord Byron trajo a Grecia donde murió tras contraer unas fiebres en 1824 en Messolonghi. En la plaza de delante del museo hay una estatua ecuestre de bronce de Theodoros Kolokotronis, comandante en jefe de la guerra de la Independencia de Grecia de 1821.

Pasear por unos jardines con historia
REFUGIOS ARBOLADOS

El **Jardín Nacional** (PLANO: **5** P. 79 **F6**; *cityofathens.gr; gratis*) es un parque arbolado donde refugiarse del calor en verano y del tráfico. Lo diseñó la reina Amalia para el que otrora fue el palacio real y hoy es el edificio del Parlamento. Su construcción empezó en 1839, convirtiéndose en los primeros jardines ornamentales de la Grecia moderna, que hoy siguen sin cambiar. Camuflados entre cientos árboles, matorrales y macizos de flores hay estanques con peces y un **parque infantil.** Atención especial merece la avifauna local: loros, patos, gansos y pavorreales.

Al sur están los jardines ornamentales que rodean el **palacio Zappeion** (PLANO: **6** P. 79 **F8**; *zappeion.gr*), que se utiliza para convenciones y exposiciones. Inaugurado en 1888, este edificio neoclásico diseñado por Theophil Hansen debe su nombre a Evangelis Zappas, el magnate que financió los primeros Juegos Olímpicos de la era moderna en 1896. Al lado del salón está el **Aegli Cinema** (PLANO: **7** P. 79 **F8**; *facebook.com/aiglizappeion*) al aire libre.

Descubrir viejos baños romanos
RUINAS ROMANAS

PLANO: **8** P. 79 **E7**

Las excavaciones para abrir un conducto de ventilación en el metro sacaron a la luz las ruinas de unos grandes **baños romanos,** del s. III, muy bien conservados, junto a lo que entonces era el río Ilissos. Se puede ver desde arriba una parte que está al descubierto en los márgenes de los jardines del Zappeion.

Las galerías comerciales emblemáticas
ARQUITECTURA

Cualquier momento es bueno para meterse en una de las **'estoas'** (galería comercial) que atraviesan la planta baja de los grandes edificios de Syntagma. En ellas hay *ouzeries* (con *ouzo* y tentempiés) de toda la vida, tiendas especializadas, una coctelería elegante, e incluso alguna fiesta puntual con DJ. Si se bajan las escaleras hasta la planta subterránea también se encontrarán sorpresas. Natassa Pappa, editora de la revista *Desired Landscapes* (desired-landscapes.com), organiza circuitos por las *estoas*. Precisamente su **Desired Landscapes Pocket Space** está en la **Estoa Anatolis** (PLANO: ❾ P. 78 **C2**).

El pasaje de la **Estoa Emporon** (PLANO: ❿ P. 78 **D4**) está iluminado por la noche con interesantes banderolas luminosas. En la **Estoa Praxitelous** (PLANO: ⓫ P. 78 **C4**) se puede tomar una copa en **Bartesera** *(facebook.com/bartesera)*, que captura el ambiente electrizante de Atenas. Una galería comercial enfocada a la música es la **Estoa Pesmazoglou** (PLANO: ⓬ P. 78 **C1**), donde está **Xylouris** (p. 93; *xilouris.gr*), un tesoro de música griega. Una de las pocas galerías que conservan su carácter comercial total es la **Estoa Orfanidou** (PLANO: ⓭ P. 78 **C1**), que alberga **Metaxas** *(@metaxas_hatshop)*, una sombrerería que lleva la tercera generación de la misma familia.

Distraerse en los rincones más plácidos de Plaka BARRIO HISTÓRICO

Plaka quizá esté invadida por los turistas, pero quien se esfuerce un poco conseguirá alejarse de las aglomeraciones. El barrio luce su porte más fotogénico en Mnisikleous, con cafés como Yiasemi

(p. 81) que flanquean las escaleras de piedra, y también en Anafiotika. Se puede seguir por Theorias hasta el **Museo Canellopoulos** (PLANO: ⓮ P. 79 **A7**; *camu.gr adultos/niños 3 €/gratis*), que suele estar vacío, con arte bizantino, joyería y figuritas de terracota y de bronce. Atención especial merecen los techos de la mansión del ala bizantina.

Se regresa a Lyssiou para tomar algo en **Melina** (p. 92; *cafemelina.gr*), un café decorado con imágenes de la actriz y política Melina Mercouri y con mesas al fresco para ver desde primera fila el carrusel humano de Plaka.

El histórico vecindario de Anafiotika PUEBLECITO CON HISTORIA
PLANO: ⓯ P. 79 **B7**

Anafiotika, un pequeño barrio residencial que se aferra a la ladera superior del norte de la Acrópolis, es una zona preciosa y arquitectónicamente singular de Plaka. A mediados del s. XIX, el rey Otón I de Grecia contrató a albañiles de Anafi para construir un palacio nuevo. Aquí levantaron sus casas imitando la arquitectura de la isla: cubículos enjalbegados y decorados con buganvillas. Hoy sigue siendo un vecindario muy unido, con unos 45 hogares comunicados por estrechos senderos sin nombre por los que solo pasan peatones y gatos callejeros. Si se va, hay que ser respetuosos porque en estas casas vive gente. Se entra por el lado oeste próximo a la iglesia de la Metamorfosis, en Theorias. En el lado este, se puede subir zigzagueando por Stratonos.

Ver la llama sagrada   IGLESIA

PLANO: **16** P. 79 **B7**

Escondida en Plaka, la **iglesia de Agioi Anargyroi** (o Metochi del Santo Sepulcro), del s. XVII, merece una visita por su patio apacible y su precioso interior. De estar en Atenas el Sábado de Pascua Ortodoxa por la noche, se recomienda seguir a la gente que va hacia ella portando velas. De la iglesia madre del Santo Sepulcro de Jerusalén se trae una "llama sagrada" y, en un ritual más que milenario, los fieles abarrotan Agioi Anargyroi para encender sus velas con ella.

Otras iglesias pequeñas de Plaka   IGLESIAS

La **iglesia de Agia Ekaterini** (PLANO: **17** P. 79 **C8**) es una de las contadas iglesias bizantinas que abren con regularidad. Vale la pena entrar para comprobar cómo un espacio del s. XI adornado con frescos se sigue utilizando mucho. Durante un tiempo fue propiedad del monasterio de Santa Catalina, en la península del Sinaí, de ahí su nombre. En el patio delantero hay ruinas romanas.

Más arriba, hacia la Acrópolis, conviene fijarse en la **iglesia de la Metamorfosis** (PLANO: **18** P. 79 **A7**), del s. XI, y en la **iglesia de San Jorge de la Roca** (PLANO: **19** P. 79 **B7**), construida por los isleños de Anafi.

Escuchar música griega clásica   MUSEO DE MÚSICA

PLANO: **20** P. 79 **A6**

El **Museo de Instrumentos Populares Griegos** (*odysseus.culture.gr; adultos/niños 2 €/gratis*), en Diogenous, alberga una colección de casi 1200 instrumentos reunidos por un apasionado etnomusicólogo. Los auriculares permiten escuchar el sonido de la *gaïda* (gaita de piel de cabra) y de las tablas de madera que los sacerdotes del monte Atos utilizan para llamar a la oración, entre otros sonidos griegos característicos.

Visitar la mansión Benizelos   CASA EMBLEMÁTICA

PLANO: **21** P. 79 **B6**

La **mansión Benizelos** (*archontiko-mpenizelon.gr; entrada con donativo*), del s. XVII, es la más antigua de Atenas. Se trata de una típica edificación doméstica de esa época: un lagar y un trujal en las estancias de la planta baja de suelo de tierra y salones enmaderados en el piso superior. Hay que fijarse en las columnas clásicas reutilizadas en la verja que conduce al patio trasero, antiguamente un olivar.

Conocer la historia de los judíos griegos   MUSEO JUDÍO

PLANO: **22** P. 79 **D7**

La comunidad judía de Atenas hoy cuenta con casi 3000 miembros, pero sus raíces se remontan a miles de años –hay arqueólogos que incluso creen que había una sinagoga en el Ágora antigua–. Se puede conocer la historia de la comunidad en las exposiciones del pequeño **Museo Judío de Grecia** *(jewishmuseum.gr; adultos/niños 10 €/gratis),* que empieza con los romaniotes del s. III a.C. y sigue con la llegada de los sefardíes en el s. XV, el Holocausto y más adelante. De las muchas historias fascinantes que se explican, destacar la colaboración del obispo Chrysostomos con Lucas Karrer, el alcalde de Zante, para salvar de los nazis a los 275 judíos que vivían en la isla.

Mimarse con la cosmética natural griega y el cuidado corporal CUIDADO DE LA PIEL

PLANO: **23** P. 78 **D4**

La **Naxos Apothecary** *(thenaxos apothecary.com)* es un elegante santuario contemporáneo dedicado a las ancestrales tradiciones homeopáticas y fitoterapéuticas de las islas griegas. Su laboratorio elabora cremas y preparados por encargo. Se pueden probar ungüentos y oler fragancias únicas, y a todo el mundo se le ofrece una infusión. El salón de té y café del piso de arriba es otro refugio urbano que se agradece.

También hay otras marcas griegas de cosmética natural y de cuidado de la piel como **Korres** (p. 93; *korres.com*) en Ermou (y en el aeropuerto) y **Apivita** (p. 104; *apivita.com*) en Kolonaki, cuyos productos también se venden en farmacias de todo el país.

Imaginarse la Casa de Baños de los Vientos HAMMAM HISTÓRICO

PLANO: **24** P. 79 **A6**

Uno de los pocos vestigios otomanos en Atenas (p. 164) es el *hammam* del s. XVII llamado **Baños de los Vientos** *(mnep.gr; adultos/niños 3 €/gratis),* la única casa de baños públicos históricas que se conserva intacta en la ciudad, pero que desgraciadamente ya no funciona como tal. Ahora es un museo con música, espacios sonoros y proyecciones que transportan a su gloria pasada.

Disfrutar de una película, al fresco CINES AL AIRE LIBRE

A los atenienses le encanta ir al *therina* (cine al aire libre) por la noche si hace buen tiempo. Abren de principios de mayo a octubre y suelen estar en jardines y azoteas, con modernos equipos de sonido y proyección.

El **Aegli** (p. 85) es el más antiguo de Atenas, en los verdes **jardines del Zappeion** (p. 85), y un poco más tranquilo que otros. En Plaka, el **Cine Paris** (PLANO: **25** P. 79 **C7**) es uno de los favoritos renovados de la década de 1920, con vistas de la Acrópolis iluminada. Delante hay una tienda de pósteres.

Hay otros que están muy bien como el **Thision** (p. 152), en Thisio con vistas a la Acrópolis, y el bonito **Cine Dexameni** (p. 106), en unos jardines en Kolonaki. **Riviera** (p. 138) está en pleno Exarchia y el **Cine Flisvos** (p. 173) está junto al mar, en Palaio Faliro.

Sumergirse en el arte popular del país
MUSEO POPULAR
PLANO: **26** P. 79 **C7**

La mansión de la década de 1920 de la folclorista Angeliki Hatzimichalis (1895-1965), autora de más de un centenar de libros y artículos sobre las tradiciones griegas y guerrillera en Epiros, abre una ventana a la vida cotidiana de otra época. Hoy esta preciosa casa es el **Museo de Arte y Tradiciones Populares** (*cultureisathens.gr; gratis*) donde se puede pasar 1 h descubriendo trajes regionales, cerámicas, bordados y demás, y fijándose en los retratos familiares.

Cenar y escuchar música griega en vivo
MÚSICA EN DIRECTO
¿Música tradicional griega en directo? Se puede reservar de viernes a domingo en **Perivoli tou Ouranou** (PLANO: **27** P. 79 **C8**; *toperivoli-tou-ouranou.gr*), uno de los favoritos de Plaka para una cena con música en directo (menús 55-65 €). Se crea un ambiente animado y cálido, y los músicos suelen ser excelentes, canten o toquen *bouzoukia* (instrumentos tradicionales similares a la guitarra).

Otra opción sería el restaurante **Stamatopoulos** (PLANO: **28** P. 79 **B7**; *tamatopoulostavern.gr*) de Plaka, que funciona desde 1882. Aquí se escucha música en directo de 19.00 a 1.00, pero ahora es tan legendario que podría recordar a un plató de cine. La clientela, repartida en una terraza de dos niveles o en el acogedor comedor interior cubierto de murales, es más local conforme avanza la noche.

 **VIDA NOCTURNA EN ATENAS**

Syntagma (p. 91), Monastiraki (p. 74) y Psiri (p. 74) forman conjuntamente una enorme zona de cafés, bares y *pubs* en el centro de Atenas. Pangrati (p. 122) cuenta con zonas de bares propias. En verano, la fiesta se traslada a las discotecas glamurosas de la costa que se desparraman desde Glifada (p. 173), donde hay que arreglarse para poder entrar. Los clubes más grandes (*bouzoukia* o *pistes*) son locales impresionantes que programan nombres de relumbrón de la música *laïka* y pop griega contemporánea, ambos géneros basados en los sonidos del intemporal *bouzouki* griego. En invierno, las discotecas están en las calles **Iera Odos** y **Pireos.** La escena de la música *entekhno* griega es más sutil, con elementos del folk griego.

Lo mejor para...

€ Económico €€ Medio €€€ Alto

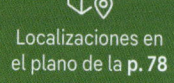
Localizaciones en
el plano de la **p. 78**

Comer

Los elegidos de Syntagma

Aspro Alogo €
29 C5

Humilde en apariencia y con una entrada sencilla entre bloques de oficinas, esta taberna rústica sirve cocina tradicional griega. *11.00-23.30 lu-sa*

Koutsou & Co €
30 D6

Nuevo en la oferta del centro urbano, la chef Argyro prepara deliciosos clásicos griegos. *12.00-19.00 lu-ju, hasta 20.00 vi, 14.00-23.30 sa*

The Makers €
31 B2

Brunch en este café popular que apuesta por lo sano y ecológico, y además vende moda chic. *8.30-20.00*

Ergon House Agora €€
32 C5

Delicatesen, café y restaurante que ocupa un luminoso atrio. Verdulería,

pescadería, carnicería y panadería, más estanterías repletas de exquisiteces griegas de productores pequeños. *7.30-24.00*

Tzitzikas kai Mermigas €€
33 D5

Los productos griegos llenan las paredes de este alegre y moderno local donde se sirven platos creativos, como queso de Naxos rociado con miel y envuelto con beicon, a una bulliciosa parroquia de lugareños y turistas. *12.00-24.00*

Vegana y vegetariana

Avocado €
34 D6

Café de Plaka, de popularidad imperecedera, con exquisiteces veganas muy variadas, sin gluten y ecológicas con un giro internacional. *12.00-23.00 lu-vi, 11.00-23.00 sa, 12.00-19.00 do*

Vegan Beat €
35 B4

Ambiente de *fast food*, a pie de calle, donde hincarle el diente a una carta corta de flautas,

hamburguesas veganas y ensaladas. *11.00-22.00*

Restaurantes internacionales de Syntagma

Sushimou €€
36 D6

El chef Antonis Drakoularakos, formado en Tokio, hace maravillas con el marisco y pescado local. El mejor *sushi* de Atenas. *18.00-23.30 lu-vi*

Nolan €€
37 D5

El chef Sotiris Kontizas crea imaginativos platos con ingredientes asiáticos, pensados para compartir. También maravillosos postres para llevar. *13.00-17.30 y 19.00-23.30 lu-sa*

Hanoi €
38 C5

Discreto y diminuto en la peatonal Petraki, con deliciosos *pho*, fideos, *dumplings* y demás especialidades vietnamitas. *12.00-24.00*

Granello €
39 C4

Pizza tradicional muy apreciada, en una calleja

de detrás de la calle principal de Perikleous. Para comer en sencillas mesas metálicas o bien para llevar. *13.00-23.45*

Picoteo informal y helados en Plaka

To Kafeneio €
 B7

Una de las pocas tabernas de la zona turística de Plaka que nunca fallan. Hay que sentarse a una mesa de la acera empedrada o en el interior, junto al fuego en invierno. *10.30-1.00*

Winners Vegan €
 D6

La gente se pirra por los platos veganos, sin gluten y ecológicos con un toque internacional de este popular café. *11.00-23.00 lu-sa*

Cremino €
 D7

Helados de leche de vaca y búfala y sorbetes de sabor intenso. El *kaïmaki* clásico con resina de lentisco de Quíos y raíz de orquídea es excelente. *12.30-22.00 lu-sa, desde 14.00 do*

Solo Gelato €
 C7

Helados artesanos con fusión de ingredientes italianos y griegos, algo que se agradece en el corazón de Plaka. Hay

otra heladería en Kypseli. *10.00-1.00*

Beber

Cócteles en Syntagma

Barro Negro
 C3

Situado en los márgenes de la zona de bares de Syntagma/Monastiraki, el fuerte de esta coctelería son el tequila y el mezcal. *10.00-2.00 lu-ju, hasta 3.00 vi y sa, 18.00-2.00 do*

The Clumsies
 B3

Café-bar de múltiples espacios donde degustar ingeniosos cócteles de cocteleros galardonados. *10.00-2.00 do-ju, hasta 3.00 vi y sa*

Galaxy Bar
 D3

Ajada pero evocadora cápsula del tiempo (1972 para ser exactos) con camareros amables que sirven bebidas clásicas, en una galería comercial de Syntagma. *17.00-2.00 lu-sa*

Baba au Rum
 B4

Como indica su nombre, su fuerte es el ron, con una carta de rones caribeños poco comunes

y todo el elenco de cócteles creativos, desde los clásicos polinesios a nuevas creaciones. En esta calle hay otros bares que están igual de bien. *19.00-3.00 do-vi, 13.00-4.00 sa*

Bares de vinos

Oinoscent
 D6

El personal de esta enoteca y bar de vinos se conoce al dedillo todas las variedades de uvas, griegas o foráneas. *17.30-1.00 lu-ju, desde 13.00 vi-do*

Heteroclito
 C5

Este bar de vinos con mesas en la calle sirve los mejores vinos locales, que acompaña con quesos y embutidos griegos. *12.30-24.00 lu-ju, hasta 1.30 vi y sa, 18.00-24.00 do*

Psyche Wine Bar
 C4

En una galería comercial de Syntagma, este bar marida fabulosos vinos locales con platillos como mejillones marinados o ensalada con melocotones asados. *17.00-1.00 lu-vi, desde 14.30 sa y do*

Bares clásicos de Syntagma y Plaka

Seven Jokers
 51 D4

Pilar de Syntagma para un café de día y unas copas por la noche. Camareros simpáticos y música animada. *12.00-4.00 ma-sa, desde 20.00 lu*

Loser
52 D6

Pequeñito, tranquilo y con pocos taburetes fuera, se llena de gente que disfruta de la charla y de bebidas intachables. *19.00-3.00*

Brettos
53 C8

Pedir en este concurrido e histórico bar y destilería de Plaka cuesta lo suyo. Se puede probar su vino, *ouzo, brandy* y demás licores de la casa. *10.00-2.00*

Bares de azotea

Metropolis Roof Garden
 54 D5

Cócteles ingeniosos y cocina mediterránea inventiva en la azotea del lujoso Electra Metropolis Athens Hotel. *13.00-18.00 y 19.00-23.00*

GB Roof Garden
véase **3** E4

Glamur en la azotea del hotel Grande Bretagne, en Plateia Syntagmatos, con cegadoras vistas de la Acrópolis. *13.00-2.00*

Cafés de Plaka

Melina
55 B6

Un homenaje a la gran Mercouri, actriz célebre por la película *Nunca en domingo*. Pero, en realidad, es un gran día para acercarse hasta aquí, cuando está abarrotado y las sillas en la calle permiten ver el carrusel humano de Plaka en primera fila. *9.00-2.00*

Klepsidra
56 A6

En un lugar tranquilo del extremo oeste de Plaka, con mesas al fresco y camareros simpáticos, gusta mucho a los lugareños antes y después del trabajo; ideal también para descansar después de un día intenso de turismo. *9.00-1.00*

Comprar

Moda en Plaka

Alexis Papachatzis
57 B6

Esta joyería es una maravilla: la manivela del escaparate acciona los engranajes y poleas expuestos. Los diseños de Papachatzis (figuritas, nubes y animales en plata de ley, bronce y esmalte) parecen sacados de un cuento. *10.30-20.00*

Ioanna Kourbela
58 C7

Moda clásica y *cool* de una diseñadora griega que apuesta por las fibras naturales: algodones y seda de elegante caída, en tonos naturales y cálidos, y prendas holgadas e informales para el día a día. *10.00-21.00*

Eleni Marneri Galerie
59 D8

Exposiciones temporales de arte moderno local y algunas de las mejores joyas de la ciudad: hechas a mano y originalísimas. *11.00-20.00 ma, ju y vi, hasta 16.00 mi y sa*

Tiendas de diseño y anticuarios de Plaka

Forget Me Not
 60 B6

Tiendecita de artículos muy molones de diseñadores griegos contemporáneos: moda, menaje para el hogar y objetos de regalo. *10.00-21.00*

Flâneur
 61 C6

Cuidadísima colección de recuerdos y material de viajes. Aquí se pueden comprar cuadernos e insignias hechas con hojalata de latas de queso feta con la palabra "φλανέρ" (*flâneur,* paseante) estampada a mano o vinilos de bandas *indie* griegas. *11.00-20.00*

Amorgos
 D6

Tienda de juguetes de madera, *karagiozi* (marionetas de teatro de sombras), cerámicas, bordados y demás artesanías griegas, pero también muebles de madera labrada hechos por el propietario. *11.00-20.00 lu-vi, hasta 19.00 sa*

Aidinis Errikos
 D6

Las creaciones únicas de metal del artesano Errikos Aidinis se elaboran en su taller de la trastienda e incluyen espejitos, palmatorias, lámparas, aviones y sus característicos barcos de bronce. *10.00-17.00 lu, mi y sa, hasta 20.30 ma, ju y vi*

Libros y mapas
Anavasi
 D5

Fabulosa librería de viajes con toda suerte de mapas de Grecia y guías de senderismo y actividades. *9.30-17.00 lu y mi, hasta 20.30 ma, ju y vi, 10.00-16.30 sa*

Tiendas de vinos
Finewine
 B8

En Plaka, está esta tienda que tiene los mejores vinos y mesas para catarlos. *12.00-22.00*

Wine Story
 D6

Una tienda pequeña, pero llena de vinos griegos y foráneos, y maravillas para acompañar. *9.30-21.30 lu-sa, 11.00-20.00 do*

Ropa y joyas en Syntagma
Attica
 E3

Estos grandes almacenes de categoría venden artículos de algunos de los mejores diseñadores griegos, y sus rebajas están muy bien. *10.00-21.00 lu-vi, hasta 20.00 sa*

Actipis
 D4

Spiros Actipis diseña joyas elegantes con guijarros, plata brillante y cuero sin tratar, entre otros materiales. La tienda cierra en verano cuando Spiros se instala en Miconos. *11.30-20.00 lu-vi, hasta 17.00 sa nov-abr*

Apriati
 E4

Pequeña joyería con piezas tentadoras, originales y contemporáneas de Athena Axioti, Themis Bobolas y otros diseñadores griegos. *10.00-16.30 lu, mi y sa, hasta 20.30 ma, ju y vi*

Música e instrumentos
Xylouris
 C1

La familia del legendario compositor cretense Nikos Xylouris custodia este tesoro musical. Guían a los clientes por su completísima variedad de CD y DVD de música griega, pero también aconsejan a quienes quieran comprar un *bouzouki. 10.00-16.00 lu, mi y sa, hasta 20.00 ma, ju y vi*

Productos de belleza ecológicos
Korres
 D5

Muchas farmacias venden algunos de estos productos naturales de belleza, pero aquí, en la primera farmacia homeopática de la que surgió la empresa, disponen de toda la gama de productos. *9.00-21.00 lu-sa, 11.00-19.00 do*

Sugerencias
de lugares para
comer, beber
y comprar en
p. 107

Explora
Kolonaki e Ilisia

Kolonaki es un barrio chic, elegante y elitista. Se extiende desde las proximidades de Syntagma hasta las laderas del monte Licabeto, donde las vistas de la ciudad hasta el mar son mágicas al atardecer. Aquí, la alta burguesía se codea con la nueva hornada de *fashionistas* y famosos. El barrio está lleno de excelentes museos y calles arboladas flanqueadas por *boutiques* de primera. En su flanco nororiental, Kolonaki se fusiona con Ilisia (a veces llamado Hilton por su hotel de la década de 1960 que en el momento de redactar esta guía estaba a punto de reabrir como Conrad), donde se hallan la Galería Nacional y restaurantes muy bien considerados.

Cómo desplazarse

 A pie

Es fácil recorrer esta zona a pie, aunque Kolonaki tiene una cuesta que sube al monte Licabeto.

Metro

La estación Syntagma (líneas azul y roja) es práctica para ir al extremo oeste de Kolonaki y la estación Evangelismos (línea azul) para ir el extremo este. Hay que apearse en Evangelismos si se va a la Galería Nacional y seguir hasta Megaro Mousikis si se va a la sala de conciertos homónima. Las obras del nuevo metro en Plateia Kolonakiou, la plaza principal del barrio, terminarán en unos años.

LO MEJOR

MUSEO CULTURAL
Museo Benaki de Cultura Griega (p. 98)

ICONOS DORADOS
Museo Bizantino y Cristiano (p. 105)

PASEO CON VISTAS
Monte Licabeto (p. 102)

OBRAS MAESTRAS CICLÁDICAS
Museo de Arte Cicládico (p. 104)

DE COMPRAS
Boutiques en Kolonaki (p. 103)

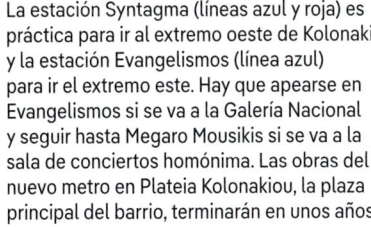

Monte Licabeto (p. 102).
ARTMEDIAFACTORY/SHUTTERSTOCK ©

A **B** **C** **D**

1

EXARCHIA

Ippokratous
Valtetsiou
Didotou
Skoufa
Asklipiou
Prassa G
Delfon
Mevte Oktavrio

Patriarchou Fotiou
Agias Isidorou
Doxapatri
Sarandapichou
Leontos Sgourou
Dafnomili
Doxapatri

Capilla de
Agios Isidoros

LYKAVITTOS

2

Callirrhoë **12**

Universidad
de Atenas

Kalidromiou
Massalias
Sina
Didotou
Sina
Statha G
Statha G
Dinald P
Anagnostopoulou
Mantzarou
Skoufa
Lykavittou
Iras
Hersonos

70
51 **54** **47**
49
39
64
45
17

Omirou
Solonos
Mantzarou
Al Soutsou
Lykavittou
Dimokritou
Stratiotou Syndesmou
Fokylidou
Anagnostopoulou
Loukiano
Evelpidon Rogakou II

3

Plateia Agiou
Dionysiou
Parthenis

Cine
Dexameni **35**
69 **55**
Kleomenous
Xanthippou

18 Lemisios

53
19
4

SYNTAGMA

Amerikis
Valaoritou
Alopekis
Kriezotou
Al Soutsou
Voukourestiou
Skoufa
Pindarou
Anagnostopoulou
Xanthou

Embalse
de Adriano **34** **33**
32
Dexameni
68
Spetsipou **27**

Stone Massage
Wellness Lounge
Glykonos

11 **22** Sophia
Roma
63

Benaki
Museum Shop

37
41
24
Apivita

Skoufa **52**
Gallery **9**

20 **62** **21**
10 Zoumboulakis
mastihashop Gallery

Kanari
Milioni
Iraklitou
Tsakalof
Pindarou
Kriezotou
Sekeri
Merlin

65
15
Vassilis
Zoulias

Kapsali **42** **38**
Neofytou Vamva
Loukianou

14
Fundación Theocharakis para
las Bellas Artes y la Música

Museo Benaki
de Cultura Griega

Museo de
Arte Cicládico **23**

Leof Vasilissis Sofias
Neofytou
Douka

5

Leoforos Vasilissis Amalias

Plateia
Syntagmatos

Parlamento

Jardín
Nacional

Mourouzi
Tsiou Attikou
Stisihorou
Todrou

6

M

96 Parada
del tranvía

A **B** **C** **D**

Más información

Imprescindible	★	p. 98
Experiencias	✦	p. 102
Comer	✕	p. 107
Beber	🍺	p. 108
Comprar	🛍	p. 109

Monte Licabeto

Sky Bar

Capilla de Agios Georgios

Orizontes

Prasini Tenta

Plateia Kitsiki Nik

Plateia Dante

KOLONAKI

Cine Athinaia

Lousma Hammam & Spa

Fanourakis

The Runner

Evangelismos

Leof Vasilissis Sofias

Evangelismos

Galería Nacional

Liceo de Aristóteles

Museo Bizantino y Cristiano

ILISIA

Museo Benaki de Cultura Griega

Se pueden pasar horas en este museo estelar alojado en un esplendoroso edificio neoclásico. En sus tres plantas se verá solo una parte simbólica de los tesoros amasados por el acaudalado coleccionista de arte Antonis Benakis: desde objetos de la Edad de Bronce hasta la II Guerra Mundial, ilustrando así todas las facetas de la cultura griega a través de los tiempos.

PLANO: P. 96 **C5**

CONSEJO
El jueves es buen día para visitarlo: abre hasta las 24.00 y es gratis a partir de las 18.00.

Escanea este código QR para conocer horarios, precios y otras dependencias de este fabuloso museo.

Planta baja

Antonis Benakis, hijo de un político, nació en Alejandría (Egipto) a finales del s. XIX. Tras décadas de coleccionismo, convirtió la casa familiar en este excelente museo en 1930. Benakis tenía tan buen ojo que hasta los aperos agrícolas son bonitos.

Al entrar, en la sala 1 conviene fijarse en las **lascas de pedernal que servían de herramientas** (50 000-40 000 a.C.) durante el Paleolítico Medio; seguramente sea el objeto fabricado por el hombre más antiguo que se haya visto jamás.

Quizá la mejor sala de la planta baja sea la 12, la última, que expone **obras maestras de cuando Creta estuvo en poder de los venecianos** (ss. XV y XVI), como las de El Greco (1541-1614) y algunas de Theodoros Poulakis (1622-1692). La Escuela Cretense empleó técnicas que aún hoy se usan en los iconos: contornos nítidos, una representación geométrica de las telas y sutil resaltado de los tonos de piel.

Primera planta

Que nadie se pierda las **salas Kozani.** Primero se pasará por salas dedicadas a la riqueza de Epiro en los ss. XVIII y XIX, de por sí bastante deslumbrantes, y se saldrá a dos salones de recepciones procedentes de mansiones de la vecina Kozani, Macedonia

BAKUSOVA/SHUTTERSTOCK ©

(norte de Grecia), con maderas labradas y pintadas, y vitrales.

También en la 1ª planta, se suceden las salas con **indumentaria tradicional griega** de rica confección, que refleja la diversidad de las islas y de las diferentes regiones del país, como el Peloponeso, Epiro, Macedonia y Tracia. Entre toda esa vestimenta también se exponen otros objetos valiosos, como las jambas de mármol labrado y coronas otomanas con incrustaciones de piedras preciosas.

Otras dependencias de Benaki y exposiciones especiales

Un abono de 30 € (válido para tres meses) permite visitar una vez cada una de las otras dependencias del Museo Benaki, incluidas la Galería Ghika (p. 104), el atelier Pireos 138 (p. 165) de arte contemporáneo, el Museo de Arte Islámico (p. 164), el cautivador **Museo del Juguete** y otros seis lugares más pequeños. Además, conviene informarse de las excelentes exposiciones temporales, como la del vestuario de la película *Pobres criaturas,* dirigida por Yorgos Lanthimos.

UNA PAUSA
El balsámico **café** de Benaki tiene fama por su buena comida y su terraza con vistas al Jardín Nacional y la Acrópolis. Otra opción sería ir a una cafetería de Plateia Kolonakiou, como **Da Capo** (p. 108).

CIRCUITO A PIE

Paseo por Kolonaki

Si el viajero conoce alguna celebridad griega quizá la vea en esta ruta por Kolonaki, el barrio del momento en Atenas. Pasear desde el café a la *boutique,* y subir al monte Licabeto, alucinando con el pasacalles de aristócratas e iconos del estilo, todos ellos preocupados por su imagen, son dos de los objetivos en Kolonaki.

INICIO	FINAL	DURACIÓN
Skoufa esq. Lykavittou	Plateia Dexameni	1,8 km; 2 h

❶ Cotillear con un café

Observar a la gente durante un buen rato mientras se toma un café se estila mucho en Kolonaki. Sus raíces históricas hay que buscarlas en **Filion** (*filioncafe.com),* donde, según algunos, se urdieron estrategias políticas durante décadas (sobre todo en su etapa como Dolce). Ahora es donde la vieja guardia del barrio va a leer el periódico.

❷ Gran iglesia

Si se baja una manzana será inevitable ver la **iglesia de Agiou Dionysiou Aeropagitou,** dedicada al santo patrón de Atenas. Preside una pequeña plaza, y su interior alberga preciosas pinturas de Spiros Vasiliou, espléndidas tallas de madera de Theofanis Nomikos, y una gigantesca lámpara de araña que hace brillar los iconos de mosaico dorado.

❸ Una preciosa mansión

Hay que zigzaguear hacia el sur hasta la mansión del s. XIX diseñada por Ernst Ziller, magníficamente restaurada para albergar la **Galería Allouche Benias** (*allouchebenias.com),* que programa varias exposiciones al año, con piezas contemporáneas de artistas internacionales y talentos griegos.

❹ Día de 'spa'

Se pueden conocer más secretos de la *jet set* al doblar la esquina en **Apivita** (p. 104), la *boutique* de apicosmética de la marca griega. Hay que regalarse un tratamiento facial en el *spa* del piso de arriba.

❺ Taberna tradicional

Si entra el hambre hay que ir a **Filippou** (p. 107), siempre lleno de vecinos disfrutando de los platos estrella caseros que esta taberna lleva sirviendo desde 1923. Hay mesas con manteles blancos hasta en el patio; para asegurarse una, mejor reservar.

❻ Monte Licabeto

Desde el final de Loukianou, hay un camino que sube a este **monte** (p. 102) con unas de las mejores vistas de Atenas y del golfo Sarónico. Otra opción sería tomar el **funicular** desde el final de Ploutarhou que sube hasta la cumbre por un túnel.

❼ Experiencia en la cima

En la cima del Licabeto aguarda la pequeña **capilla de Agios Georgios** (p. 102). Con suerte, quizá se coincida con una boda.

❽ Plaza a la sombra y ruinas

Se baja entre cactus y pinos hasta **Plateia Dexameni** (p. 106), en cuya esquina noroeste están las ruinas del s. II del **embalse de Adriano** (p. 106), que traía agua hasta la ciudad desde el Parnés. Se puede disfrutar de un refrigerio en esta plaza, a la sombra, en el café **Dexameni** (p. 106), antes de regresar al ajetreo de Kolonaki.

EXPERIENCIAS

Atardecer desde el monte Licabeto VISTAS DESDE LA CIMA

El **monte Licabeto** (PLANO: ❶ P. 97 F1; *lycabettushill.com*), de 227 m, cubierto de pinos, ofrece unas de las vistas panorámicas más bonitas de Atenas y la cuenca del Ática. Lo corona la pequeña **capilla de Agios Georgios** (PLANO: ❷ P. 97 E2), iluminada como un faro por la noche. En una cueva próxima, la minúscula **capilla de Agios Isidoros** (PLANO: ❸ P. 96 D1) es una de las más antiguas de Atenas, construida después de que la ciudad se convirtiera en la capital de Grecia.

Para alcanzar la cima, hay que subir por el camino desde el final de Loukianou, o montarse en el **funicular** (PLANO: ❹ P. 97 E3; *ida y vuelta/solo ida 10/7 €; 9.00-14.30*) que tarda 10 min en subir arriba desde el final de Ploutarhou.

Se puede beber y comer algo a media cuesta en la terraza de elegante bar **Prasini Tenta** (PLANO: ❺ P. 97 E2; *prasinitenta.gr*); es mejor que el **Sky Bar** (PLANO: ❻ P. 97 E1) de la cima. **Orizontes** (PLANO: ❼ P. 97 E2) es una alternativa más sofisticada, con una extensa carta de vinos.

Descubrir excelente arte griego en la Galería Nacional MUSEO DE ARTE

PLANO: ❽ P. 97 H5

La **Galería Nacional** (*nationalgallery.gr; adultos/niños 10 €/gratis*), que estuvo cerrada 10 años, reabrió en el 2021 en un complejo ultramoderno. Las espaciosas galerías se distribuyen en orden cronológico y temático, ofreciendo un magnífico recorrido por la pintura griega desde el s. xix hasta hoy, con verdaderas joyas en la colección del s. xx. Aquí también hay obras del s. xvi de Domenikos Theotokopoulos (El Greco). No hay que perderse el colorido tríptico *El mercado callejero* (1982), de Panayiotis Tetsis, que preside el vestíbulo.

En los pisos superiores se podrá ver el monte Licabeto desde los enormes ventanales. Después se puede bajar y pasear por el jardín escultórico donde está el **café.** El grueso de la colección de esculturas se expone en la **Galería Nacional de Escultura** (*adultos/niños 5 €/ gratis),* 5 km al noreste, en Goudi.

Asistir a un espectáculo de teatro, música y ópera CENTROS DE ARTE Y ESPECTÁCULOS

Cuando se hagan las reservas para el viaje, se debería consultar la programación del **Megaro Mousikis** (PLANO: ⓭ P. 97 H3; *megaron.gr*), la principal sala de espectáculos de la ciudad. Tiene un cartel anual con música clásica, ópera, teatro y danza, con primeras figuras internacionales y griegas. Y también suele haber alguna exposición de arte y, entre junio y septiembre, conciertos en el jardín de detrás del complejo.

Además, se debería mirar qué hay en la **Fundación Theocharakis para las Bellas Artes y la**

Música (PLANO: **14** P. 96 **B5**; *thf.gr*), en el bulevar Leoforos Vasilissis Sofias de Kolonaki. Cuenta con tres plantas de espacio galerístico con cuatro o cinco exposiciones excelentes al año, y con un teatro moderno que acoge puntuales conciertos de música clásica, entre otros actos.

Imitar a los 'fashionistas' en Kolonaki
DE COMPRAS

A Kolonaki llega gente de todas partes para comprar en su selecto plantel de tiendas de ropa, y visitar las zapaterías y las joyerías. Aquí encuentran las mejores marcas internacionales de lujo (Chanel, Hermes, etc.), pero también prestigiosos diseñadores griegos como el clásico **Vassilis Zoulias** (PLANO: **15** P. 96 **B5**; *vassiliszoulias.com*), que crea una colorida línea de alta costura inspirada en las décadas de 1950 y 1960, y elegantes zapatos femeninos. Igual de exquisita es **Fanourakis** (PLANO: **16** P. 97 **E4**; *fanourakis.gr*), con joyas intemporales.

Se puede tomar un café en **Da Capo** (p. 108), una institución para ver a los *fashionistas* en la esquina de la peatonal Tsakalof. Acto seguido toca enfilar hacia el oeste para ver **Parthenis** (PLANO: **17** P. 96 **C3**; *orsalia-parthenis.gr*), donde Orsalia Parthenis crea prendas muy elegantes, masculinas y femeninas, con fibras naturales. Un poco más abajo está **Lemisios** (PLANO: **18** P. 96 **B3**; *lemisios.gr*), en Lykavittou, que lleva confeccionando calzado a medida desde 1912: *T-straps,* baila-

LAS MEJORES GALERÍAS DE ARTE EN KOLONAKI
Entre las muchas galerías de arte fabulosas de Kolonaki, destacan:

Skoufa Gallery
PLANO: **9** P. 96 **C5**
(skoufagallery.gr) Durante mucho tiempo referencia de los artistas contemporáneos griegos, al lado de Plateia Kolonakiou.

Zoumboulakis Gallery
PLANO: **10** P. 96 **A5**
(zoumboulakis.gr) Excelente selección de grabados y pósteres de destacados artistas griegos como Tsarouchis y Fassianos, y demás objetos de decoración.

Roma
PLANO: **11** P. 96 **B4**
(roma-gallery.com) Exhibe la obra de artistas griegos y foráneos y cuenta con un personal simpático.

Callirrhoë
PLANO: **12** P. 96 **A2**
(callirrhoe.info) Prestigioso espacio independiente de exposiciones de arte contemporáneo.

rinas, elegantes *Oxford* (solo para hombres), etc.

En busca de recuerdos ingeniosos
DISEÑO GRIEGO

Además de moda, Kolonaki alberga tiendas únicas con *souvenirs* atípicos. En los márgenes del barrio está **Kombologadiko** (PLANO: **19**

P. 96 **A4**; *kombologadiko.gr*), donde elegir el perfecto recuerdo griego de toda la vida: el *komboloï* (cuentas antiestrés).

Se continúa hasta la esquina de Panepistimiou y Kriezotou donde está **mastihashop** (PLANO: **20** P. 96 **A5**; *mastihashop.com*), que utiliza el mástique –una resina medicinal de árboles poco comunes que se encuentran en la isla de Quíos– en todos sus productos. El licor es un buen digestivo que se sirve en toda Grecia.

Si se sube un poco más por Kriezotou, se podrá comprar arte y artesanías griegas contemporáneas, cerámicas, pósteres y juguetes en la **Benaki Museum Shop** (PLANO P. **21** P. 96 **A5**; *benaki.org*). Después se puede terminar en **Sophia** (PLANO: **22** P. 96 **C4**; *@sophia.enjoythinking .live*), en Pindarou, a pocas manzanas al noreste, con una selección de objetos de diseño de interiores, como réplicas de estatuas clásicas.

Asimilar el misterio del arte cicládico   MUSEO DE ESCULTURA
PLANO: **23** P. 96 **D5**

En la 1ª planta del excepcional **Museo de Arte Cicládico** *(cycla dic.gr; adultos/niños 12 €, exposiciones especiales 16 €)* se puede ver la mejor colección del mundo de las famosas estatuillas cicládicas de mármol, del 3000 al 2000 a.C. Inspiraron a muchos artistas del s. xx, como Picasso y Modigliani, con su simplicidad y pureza de formas. Casi todas estas misterio-

sas figuritas son pequeñas, aunque una es casi de tamaño humano. En la 1ª planta también hay un **café.**

El resto del museo expone arte griego y chipriota del 2000 a.C. al s. iv d.C. En la exposición de la 4ª planta, *Escenas de la vida cotidiana en la Antigüedad,* los objetos están colocados en recreaciones de escenas de aquel período. Las exposiciones temporales también son fabulosas.

Entrar a la casa y estudio de un artista   ATELIER DEL PINTOR
véase **21** P. 96 **A5**

La **Galería Benaki Ghika** permite conocer la vida e inspiraciones de uno de los grandes artistas modernos de Grecia. Antes de morir en 1994, el pintor Nikos Hadjikyriakos-Ghika donó su casa *(benaki.org; adultos/niños 9 €/gratis)* del nº 3 de Kriezotou al Museo Benaki. La vivienda y el atelier están tal y como los dejó y se exhiben muchas de sus obras y los gráficos dibujos de sus viajes por el mundo. También vale la pena visitar las tres plantas de galerías dedicadas a otros influyentes artistas, fotógrafos, poetas, actores y arquitectos griegos del s. xx.

Regalarse en un 'spa'   HAMMAM,
TRATAMIENTOS FACIALES Y CORTE DE PELO

Se puede empezar el día en **Apivita** (PLANO: **24** P. 96 **C5**; *apivita.com*), donde los elixires de miel y demás productos de la abeja son los ingredientes milagrosos en los productos naturales de belleza. Hay que ponerse cómodos y probar alguna infusión o subir a las peluquerías, barbería y *spa* del piso de arriba. Aunque si una quiere un buen corte de pelo debería ir a **Michalis Alexandra-kis** (PLANO: ㉕ P. 97 **F3**; @*michalis _alexandrakis*). Siguiendo el ejemplo de los grandes filósofos griegos, Michalis gestiona una de las mejores peluquerías de Atenas y, de paso, comparte su sabiduría.

Y ahora toca elegir un tratamiento de *spa*. **Lousma Ham-mam & Spa** (PLANO: ㉖ P. 97 **F4**; *lous ma.gr*) es sobre todo un *hammam,* con masajes, tratamientos faciales y de aromaterapia con aceites; muchos apuestan por los masajes en pareja. Con reserva previa, en **Stone Massage Wellness Loun-ge** (PLANO: ㉗ P. 96 **D4**; @*stone_ massage_wellness_lounge*) ofrecen masajes tailandeses y balineses y tratamientos con piedras calientes.

Embobarse con los tesoros del Museo Bizantino y Cristiano
MUSEO Y JARDINES

PLANO: ㉘ P. 97 **F6**

Vale la pena dedicar 1 o 2 h a este excepcional **museo** *(byzantinemu seum.gr; abr-oct adultos/niños 8 €/ gratis, nov-mar 4 €),* sito en la Villa Ilissia de 1848 y lleno de arte religioso. Las salas de exposiciones, subterráneas en su mayoría, componen un vasto laberinto de pan de oro, mosaicos y manuscritos miniados. Las piezas se exhiben en orden cronológico, mostrando la transición

gradual de las tradiciones antiguas a las cristianas, y la aparición de un característico estilo bizantino.

Se puede pasear por el parque de la villa, junto al **Liceo de Aris-tóteles** (véase a continuación), y así ver sus jardines de diseño formalista con ruinas antiguas, como una sección del **acueducto de Pisístrato,** del s. VI a.C. Hay un **café** con vistas a todo el complejo.

Abrir la mente a Aristóteles
RUINAS ANTIGUAS

PLANO: ㉙ P. 97 **E6**

Conviene echarle imaginación al yacimiento del **Liceo de Aristóte-les** *(Lykeion; odysseus.culture.gr; adultos/niños 4 €/gratis),* excavado en el 2011, donde solo se distinguen los contornos de los edificios.

Aristóteles (384-322 a.C.), alumno de Platón (p. 166), fundó aquí su escuela, extramuros, en el 335 a.C. Trabajó en campos como la astronomía, la física, la zoología, la ética y la política. Además, fue el médico personal de Filipo II, rey de Macedonia, y tutor de Alejandro Magno. En el Liceo enseñaba retórica y filosofía, y el lugar pasó a conocerse como escuela peripatética porque el profesor impartía sus lecciones mientras paseaba con sus alumnos.

Presentar los debidos respetos en un monasterio bizantino
IGLESIA HISTÓRICA

PLANO: ㉛ P. 97 **H3**

Si en el Museo Bizantino y Cristiano (p. 105) a alguien se le ha

'THE RUNNER'
El artista Costas Varotsos tardó seis años en completar **'The Runner'** (PLANO: 30 P. 97 **H5**), una escultura de 12 m de altura que está delante del antiguo Hilton Hotel (hoy Conrad Hotel). Miles de hojas puntiagudas de vidrio apiladas crean la forma dinámica de lo que en realidad es un gigantesco atleta corriendo a gran velocidad. En la isla de césped de la rotonda también se verá un olivo de 600 años traído y replantado aquí en el 2013 desde la aldea de Eliaionas.

abierto el apetito por el arte y la arquitectura religiosos –y va vestido con discreción– también puede ver arquitectura bizantina en su sitio en el **monasterio Petraki** (*monipetraki.gr)*, con más de 1000 años en su haber. En medio del complejo está la iglesia bizantina más antigua de Atenas. Para entrar, los hombres deben llevar pantalones largos y calzado cerrado; y las mujeres, cubrirse los hombros y, a ser posible, vestir falda larga. Es la sede actual del Santo Sínodo de la Iglesia de Grecia.

Pasar un rato en Plateia Dexameni PLAZA
¿Para qué ir a **Plateia Dexameni** (PLANO: 32 P. 96 **D4**) que está a media subida al monte Licabeto? Primero, para beber o comer algo al aire libre en el **Dexameni** (PLANO: 33 P. 96 **D4**), uno de los mejores cafés económicos de Atenas y una institución muy querida en el barrio. Y después, porque Dexameni significa "cisterna", que es sobre lo que se asienta esta plaza. El **embalse de Adriano** (PLANO: 34 P. 96 **D3**) se construyó en tiempos de este emperador romano y forma parte de un sistema que traía agua dulce a Atenas desde las estribaciones del Parnés, a 20 km de la ciudad. Vale la pena asomarse a la cisterna a través de lo que queda del pórtico arqueado primigenio.

Ver una peli al aire libre CINES AL FRESCO
Se puede disfrutar de una noche de verano viendo una película al aire libre en pleno corazón de Atenas. El **Cine Dexameni** (PLANO: 35 P. 96 **D3**; *cinedexameni.gr; adultos/niños 6-8/5 €)* está en la plaza homónima, y la pantalla está rodeada de fragante madreselva y cascadas de buganvillas. Uno puede acomodarse en una tumbona, con su mesita para dejar la cerveza.

Otra opción es el **Cine Athinaia** (PLANO: 36 P. 97 **F3**; *facebook.com/cineathinaia.gr; adultos/niños 8/6 €)* si gusta lo que allí se proyecta. Abre de mayo a principios de octubre. Está al final de una corta calle peatonal con bares agradables y suele haber una sesión a las 21.00 y otras a las 23.00; consultar su programación.

SUGERENCIAS

Lo mejor para...

€ Económico €€ Medio €€€ Alto

Comer

Comidas informales en Kolonaki

Cocona €
 C4
Delicioso *giozleme* (pan ácimo) turco recién hecho y relleno con *pastourmas* (ternera curada) y demás exquisiteces. *8.00-16.00 o 18.00 lu-sa*

Me Kolonaki €€
38 **D5**
Café donde se respira el ambiente chic de la calle todo el día, ideal para desayunar, almorzar o cenar algo ligero; las albóndigas están de muerte. *8.00-23.00*

Piadina Lumbro €
39 **A3**
Pizzas sencillas y deliciosas y bocadillos con *piadina,* un pan ácimo redondo de Emilia-Romaña. *8.30-23.00 lu-sa*

Mpirimpilo €€
40 **F4**
Cocina casera griega que utiliza ingredientes

de primera en esta taberna tradicional con un personal hospitalario. *12.00-0.30*

M8 €€€
41 **C4**
Mesas en una animada bocacalle peatonal que desemboca al lado de la plaza principal de Kolonaki. Comida mediterránea, cócteles y vino de altos vuelos. *8.30-24.00 lu-sa, 11.30-22.00 do*

Helado y queso

Ninnolo €
42 **D5**
Los griegos son los europeos que comen más lácteos, con 30 kg de media por persona ¿por qué no sumarse a ellos y saborear un helado artesanal? *10.30-23.00 do-ju, hasta 24.00 vi y sa*

Kostarelos €
43 **E4**
Veterana lechería familiar que lleva una delicatesen para los amantes de queso hecho de todas las formas posibles, desde *saganaki* (frito), *fondue* o en un sándwich creativo. *8.00-21.00 lu-sa*

Localizaciones en el plano de la p. 96

EXPLORA

KOLONAKI E ILISIA

Tabernas, antiguas y nuevas

Filippou €€
44 **E3**
Lleva sirviendo delicias griegas (carnes suculentas, verduras ricas) desde 1923 y sigue siendo el lugar de referencia en el barrio. *13.00-17.00 y 19.30-24.00 lu-vi, 13.00-17.00 sa*

Papadakis €€€
45 **C3**
Restaurante chic dirigido por una conocida chef y autora de libros de cocina especializada en pescado y marisco tradicional como *salatouri* (ensalada de pescado) y ensalada del mar (algas). *13.30-24.00 lu-sa*

Oikeio €€
46 **F4**
Con excelente cocina casera, esta moderna taberna hace honor a su nombre ("hogareño" en griego). Parece un acogedor bistró, con mesas en la calle. *12.30-24.00 lu-sa*

Vegetariana y vegana

Nice N Easy €
47 **B2**
Café informal para comer sándwiches ecológicos,

107

ensaladas y exquiseces veganas y sin gluten, todo recién hecho, bajo las imágenes de Louis Armstrong y Marilyn Monroe. *9.30-1.00*

Para una cita nocturna con clase

Vezené ✦✦✦

 H6

En Ilisia, este bistró griego moderno es una propuesta informal con su delicioso pescado del día y sus cortes de carne de primera calidad. *18.00-23.30*

NYX Rooftop ✦✦✦

 A3

Ubicado en lo alto del Academias Hotel y en Kolonaki, cuesta concentrarse en la refinada cocina de fusión japonesa, con esas asombrosas vistas de la Acrópolis y del monte Licabeto. *17-00-0.30*

Cookoovaya ✦✦✦

 H5

Cinco chefs colaboran en este sofisticado restaurante tipo taberna de Ilisia que aboga por la "cocina sabia", todo menús fijos y platos recién hechos. *13.00-24.00*

Beber

Chocolate a la taza, café y té

Dark Side of Chocolate

 A3

Diminuta cafetería famosa por su chocolate a la taza y sus bombones artesanos, expuestos como si fueran joyas en una vitrina. *8.00-23.00 lu-vi, desde 10.00 sa*

Da Capo

 C4

Presidiendo las cafeterías de la plaza principal de Kolonaki, siempre está a tope. Los cafés se piden en la barra pues no tienen servicio de mesas. *6.00-22.00*

To Tsai

 A4

Minimalista salón y tienda de tés de todo el mundo. *10.00-16.00 lu, mi y sa, hasta 20.00 ma, ju y vi*

Petite Fleur

 B3

Siempre agradable y sereno, con grandes tazas de chocolate caliente y cafés de lujo servidos en un entorno colorido y *shabby*-chic. *10.00-22.00*

'Whisky' y cócteles

Jazz in Jazz

 D3

En Kolonaki, este acogedor bar conserva la calidez con la música *jazz* de Nueva Orleans y la cháchara de los vecinos que se toman una copa de vino o de *whisky*. *20.00-3.00, cerrado jun-ago*

Buñuel Uptempo Bistro

 F4

Acogedor y alegre, este discreto café-bar sirve un fabuloso café de Area 51 de día y cócteles por la noche. *9.00-1.30*

Los elegidos de Ilisia

CV Distiller

 H6

Salón luminoso y glamuroso para los aficionados al *whisky* con las mejores botellas de todo el mundo. También cócteles. *18.00-3.00 lu-ju, hasta 4.00 vi y sa*

Junior Does Wine

 H6

Los vinos más interesantes de pequeños productores por copa, con picoteo delicioso para acompañar. *18.00-12.45 ma-do*

Kokkos

59 **G6**

Recargar pilas con un café excelente en este

local de una calle con pastelerías fabulosas. *7.00-19.00 lu-vi, 8.00-16.00 sa, 10.00-15.30 do*

Comprar

Para gastrónomos

Maison d'Olive
60 E4

Rinde culto a todo lo que da el olivo: desde la fruta al aceite. También degustaciones y productos para acompañar. *10.00-21.00 lu-sa*

Nora's Deli
61 H3

Comidas preparadas y productos griegos, con el mejor *tsoureki,* un pan tipo *brioche* que sabe a mástique y *mahlepi* (semillas de cereza silvestre). *9.00-21.00 lu-vi, hasta 20.00 sa*

Cellier
62 A5

Los mejores vinos y licores griegos, con un personal entendido. *10.00-21.00 lu-sa*

Gusto di Grecia
63 B4

Exquisiteces de toda Grecia, desde quesos a mieles, embutidos, aceite de oliva y vino, directamente del tonel.

8.00-22.00 lu-vi, hasta 21.00 sa, 11.00-18.00 do

Kora
64 C3

Panadería imprescindible por sus cruasanes, hogazas de masa madre y bollos de canela. *8.00-18.00 lu-vi, hasta 15.00 sa y do*

Carpo
65 B5

A los griegos les encantan sus frutos secos, y aquí venden algunos de los mejores, como los pistachos DOP Egina. *7.00-21.00 lu-sa*

Mercado semanal de Kolonaki
66 F3

El *laïki agora* (mercado de frutas y verduras; *laikesagores.gr*) de Kolonaki llena la frondosa Xenokratous con frutas, verduras, pescado, olivas, flores, etc. *7.00-14.00 vi*

Joyas y gemas

Katerina Ioannidis
67 F4

De una familia de orfebres, Ioannidis incorpora elementos tradicionales en su joyería que es ligera, elegante, bohemia y, a veces, un poco divertida: por ejemplo, una cabeza de oveja chapada en oro. *10.00-18.00 lu, mi y sa, hasta 21.00 ma, ju y vi*

Elena Votsi
68 D4

Votsi es famosa por sus diseños atrevidos con piedras semipreciosas. Diseñó las medallas de los Juegos Olímpicos del 2004. *10.00-15.00 mi y do, hasta 20.00 ma, ju y vi*

Fanourakis
véase **16** E4

Joyera griega que diseña piezas delicadas y poco convencionales: oro doblado como virutas de lápiz y anillos de diamantes en *pavé* como rocas escarpadas. *10.00-17.00 lu, mi y sa, hasta 21.00 ma, ju y vi*

Diseño

Greek Designers Store
69 D3

Pequeña tienda de un portal en línea *(greek-designers.com)* en el lujoso St George Lycabettus Hotel, donde vende sus prendas y complementos más solicitados. *9.00-21.00*

Crude Skateshop
70 A3

Ropa urbana, monopatines, gorras de béisbol..., he aquí la tienda de referencia en Kolonaki para los amantes del *skate*. *10.00-16.30 lu, mi y sa, hasta 20.30 ma, ju y vi*

Sugerencias de lugares para comer, beber y comprar en **p. 121**

Explora
Pangrati y Mets

Al este de la Acrópolis, las ruinas del templo de Zeus Olímpico conducen a estos dos barrios residenciales que lindan, uno por cada lado, con el marmóreo estadio Panatenaico (o Kalimarmaro), construido en la colina de Ardettos. Al norte, Pangrati es un barrio heterogéneo, popular entre los jóvenes y los residentes extranjeros por sus restaurantes, bares y tiendas, discretos pero *cool*. Al suroeste, Mets, cuyo nombre se debe a una cervecera que había aquí, es más tranquilo, con bonitas casas neoclásicas de la preguerra. La particularidad de su cementerio son sus artísticos mausoleos de piedra.

Cómo desplazarse

 A pie
Pangrati y Mets están al sureste del templo de Zeus Olímpico y del Jardín Nacional. Hay cuestas, pero se pueden recorrer a pie.

 Metro
La estación Evangelismos (línea azul) es la más próxima a Pangrati. Las estaciones Akropoli (línea roja) y Syntagma (líneas azul y roja) son las más cercanas al templo de Zeus Olímpico. Akropoli es la más próxima a Mets.

 **Trolebús**
Se pueden tomar los trolebuses n° 2, 4 o 11 y así andar menos; paran cerca del estadio Panatenaico y suben hasta Plateia Plastira.

LO MEJOR

YACIMIENTO ESPECTACULAR
Templo de Zeus Olímpico (p. 114)

MOMENTO OLÍMPICO
Estadio Panatenaico (p. 119)

CAFÉS Y BARES
Plazas de Pangrati (p. 120)

MUSEO DE ARTE EUROPEO
Fundación Basil y Elise Goulandris (p. 119)

CONJUNTO ESCULTÓRICO ATÍPICO
El primer cementerio de Atenas (p. 119)

Estadio Panatenaico (p. 119).
GEORGIOS TSICHLIS/SHUTTERSTOCK ©

111

Más información

Imprescindible	p. 114
Experiencias	p. 118
Comer	p. 121
Beber	p. 122
Comprar	p. 123

ILISIA

Plateia
Mosolongiou

Astydamantos

Akimakou
Andinoros
Kirfinos
Efroniou
Leof. Vas. Georgiou
Ergotimou
Arnisias
Eftihis

Lost
Athens

Alsos
Pangratiou

Threesome
Ceramics

Epireia

Plateia
Proskopon

Plateia
Trouman

KOLONAKI

Leof. Vasileos Konstantinou

Conservatorio
de Atenas

Plateia Agios
Spyridonos

Fundación
Basil y Elise
Goulandris

JARDÍN
NACIONAL

Jardín
Nacional

Zappeion

Plateia
Stadiou

Templo
de Zeus
Olímpico

200 m

N

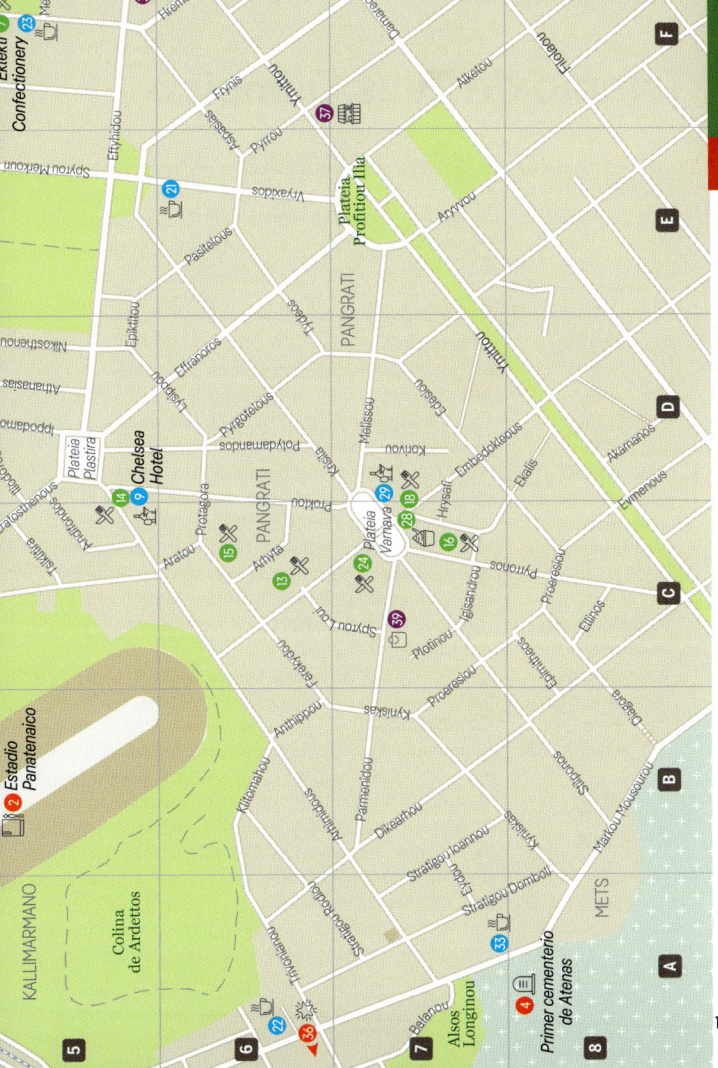

5
6
7
8

F

Eklektí 7
Confectionery 23

Mesolongíou

Confectionery 38

Iménonidou

Hirénonidou

Damareos

25

Fóynis

Eftypídou

Aspasías

Pyrrou

Spyrou Merkoúri

Vryaxídos

Aníkitou

Alketou

Filolaou

37

Pláteia
Profitíon Ilía

21

Pasitélous

Aryyíou

E

Nikosthenous

Epiktitou

Efranoros

Ymittoú

PANGRATI

Athanasías

Ímeras

Polygnótou

Pyrgotélous

Melíssou

Édesson

Embedokléous

Erymenous

D

Ippodámou

Pláteia
Plastíra

Chelsea
Hotel

Krisíla

Kórivou

Balís

Akarnánou

 Filolaou

Eratosthénous

Proklou

Antifánous

9 14

PANGRATI

Pláteia
Varnava

29

Hrysafi

Pyrronos

Proiélaou

Antiphánous

Eutaíou

15

Arhýta

18 28

16

Ilissou

Echelídon

C

Proairesiou

Tsákalof

Aratou

13

24

Spyrou Trou

39

Plotínou

Iglisándou

Dárea

Sibotos

B

Kallimarmaro

Anthipou

Kiriakou

Parmenídou

Eforíonos

Siboros

Colina
de Ardettos

Killanáhou

Dikearhou

Stratigou Ioannou

Kyrísias

Markou Moussourou

METS

Stratigou Domboli

Efaou

A

33

Estadio
Panatenaico

2

Thoukydídou

Stratigou Kontoúli

22

36

Balanou

Primer cementerio
de Atenas

4

Alsos
Longinou

5
6
7
8

★ **IMPRESCINDIBLE**

Templo de Zeus Olímpico

Es imposible pasar por alto esta absoluta maravilla, alojada como está en el centro de Atenas. En su día fue el templo más grande de Grecia y figura probablemente entre las construcciones más demoradas de la historia: las obras empezaron en el s. vi a.C. y terminaron en el año 131 d.C.

PLANO: P. 112 **A4**

CONSEJO

Si el tiempo apremia, se puede ver casi todo el templo (y el Arco de Adriano) desde el exterior de la verja o desde el bar de azotea del Athens Gate Hotel.

El acceso está incluido en la entrada combinada de la Acrópolis. Escanea este código QR para más información.

El templo

Se pueden admirar las excelsas columnas con capiteles de hojas de acanto y volutas del que en su día fue el templo más grande de Grecia dedicado al rey de los dioses (conocido como Olimpeion).

Se construyó con 104 columnas corintias de 1,7 m de diámetro en la base y de 17 m de altura. Solo 15 quedan en pie, el resto ha sido reutilizado como material de construcción a lo largo de los siglos, así que habrá que emplear la imaginación para concebir la magnitud que tenía el templo. La única columna caída fue derribada por un vendaval en 1852.

Se entra por Vasilissis Olgas.

Construcción

La construcción del templo, que empezó el tirano ateniense Pisístrato en el año 515 a.C. aprox., se abandonó por falta de fondos. Otros gobernantes intentaron completarlo, pero fue Adriano quien lo terminó en el año 125 d.C., poniendo así fin a 600 años de construcción que remató emplazando una gigantesca estatua de oro y marfil de Zeus en su interior. Después la emparejó con otra igual de grande de sí mismo. Quizá su vanidad gafara el

VIACHESLAV LOPATIN/SHUTTERSTOCK ©

proyecto: al siglo siguiente, el templo fue destruido por los hérulos –un pueblo germano que habitaba cerca del mar Negro– cuando saquearon la ciudad.

El templo de Adriano ocupa el emplazamiento de otro templo anterior y más pequeño (590-560 a.C.), también dedicado al culto de Zeus Olímpico. Aún se distinguen sus cimientos.

Arco de Adriano y santuario de Pan

Fuera de la verja del templo, se puede ver el Arco de Adriano (p. 118). Al sur, quien quiera buscar encontrará lo que queda de un atracadero del río Iliso (en otras partes está cubierto por el asfalto), y cerca, un santuario rupestre dedicado al dios Pan, otro lugar de culto romano.

UNA PAUSA
En el yacimiento no hay ningún café (ni sombra: llevar una gorra y agua). Para un refrigerio sano se puede ir a **Veganaki** (p. 56), al otro lado del transitado bulevar Athanasiou Diakou.

CIRCUITO A PIE

Paseo por Pangrati y Mets

Este recorrido desde el elegante estadio Panatenaico por el próspero e inquieto Pangrati permite vivir el trajín diario del barrio mientras se pasa por plazas y demás maravillas. Hay que subir y bajar por las colinas de Mets para llegar al cementerio que ofrece una alternativa (sembrada de árboles y mármol) al hormigón de Atenas.

INICIO	FINAL	DURACIÓN
Estadio Panatenaico	Primer cementerio de Atenas	3,5 km; 2 h

① Estadio Panatenaico

El **estadio Panatenaico** (p. 119), de mármol melado, que se extiende a lo largo del transitado bulevar Vasileos Konstantinou, cautiva a quien lo ve incluso desde la calle. En 1895, tras siglos en desuso, fue restaurado por el acaudalado benefactor griego Georgios Averof, cuyo retrato en mármol destaca a la derecha de la entrada. Se dice que cuando lo inauguró Adriano, en el año 120 d.C., se sacrificaron 1000 animales salvajes en la arena.

② La mejor colección de arte de Atenas

Tras los selfis de rigor, se puede seguir hacia el noreste por el lateral del estadio hasta la calle Eratosthenous y la exquisita **Fundación Basil y Elise Goulandris** (p. 119), cuya elegante mansión atesora una excelente colección de arte internacional.

③ Plaza bordeada de cafés y bares

Cualquier noche es buena para ir a **Plateia Proskopon** (p. 120), donde reina un ambiente festivo en sus muchos bares y restaurantes. Pero, de día, también es un buen sitio para un café o un tentempié antes de seguir y subir por Archelaou, que está a seis manzanas de zigzagueo hacia el noreste desde la Fundación Goulandris.

④ Ir de tiendas

Toca callejear entre **Aminta** y **Archelaou** para ver pequeños y variopintos **talleres y 'boutiques'** (p. 120), de los mejores de la zona, y conocer algunos de los excelentes restaurantes de Pangrati (p. 121).

⑤ Plaza con una fuente

Se debe salir de Archelaou y cruzar Spirou Merkouri para luego zigzaguear tres manzanas hasta **Plateia Mesologgiou** (p. 120), con una fuente central junto a un parque infantil y otros cafés y bares de vinos donde sentarse y ver la vida pasar.

⑥ Descanso a la sombra con un helado

Hay que cortar hacia el suroeste por las calles residenciales de Pangrati y, de paso, palpar la vida de barrio, hasta llegar a la animada y arbolada **Plateia Varnava** (p. 120), donde las familias comen en las tabernas y los niños juegan en la plaza. Se puede comprar un helado en **Morris Brown** (p. 122), un tentempié en una pastelería, relajarse con una bebida o callejear sin más.

⑦ Tumbas elaboradas

Finalmente, hay que virar un poco hacia el noroeste por Parmenidou y cruzar Mets unas ocho manzanas, bordeando los márgenes del **primer cementerio de Atenas** (p. 119) hasta Longinou donde está la entrada. Abre de 8.00 a 20.00 (aprox.), cuando se puede atravesar el majestuoso portal de mármol para pasear por sus plácidos caminos, contemplando las tumbas esculpidas de personajes ilustres griegos.

EXPERIENCIAS

Contemplar el Arco de Adriano
MONUMENTO

PLANO: **1** P. 112 **A4**

El emperador romano Adriano sentía mucho cariño por Atenas y la embelleció con templos y mejoró sus infraestructuras. Para agradecérselo, los atenienses erigieron un monumento de mármol pentélico en 131 d.C.: el **Arco de Adriano,** a un lado de Leoforos Vasilissis Amalias, una de las avenidas más transitadas, enmarca el templo de Zeus Olímpico (p. 114). Las inscripciones alaban la nueva era romana: en el friso noroeste se lee "Esta es Atenas, la antigua ciudad de Teseo", y en el friso sureste, "Esta es la ciudad de Adriano, y no la de Teseo".

Emular a los olímpicos en el estadio Panatenaico
ANTIGUO ESTADIO

PLANO: **2** P. 113 **B5**

Uno puede fotografiarse en el podio de los ganadores en el histórico **estadio Panatenaico** *(pana thenaicstadium.gr; adultos/niños 10 €/gratis),* o Kalimarmaro. Con sus estrechas gradas de mármol –con un gran aforo para 70 000 espectadores– construidas en la colina de Ardettos, es un destino prioritario para los amantes de la arquitectura clásica y los aficionados al deporte.

Construido en el s. IV a.C. como estadio de atletismo, fue restaurado para los primeros Juegos Olímpicos modernos en 1896. Puntualmente también acoge conciertos y eventos públicos. La entrada incluye un circuito con audioguía y el acceso a la pequeña exposición sobre las Olimpiadas modernas (principalmente de bonitos carteles de los juegos).

Cada mañana de 7.30 a 9.00 se puede correr por pistas y escaleras. Basta con solicitar antes un permiso (descargable desde la web).

 **HISTORIA OLÍMPICA**

La tradición olímpica nació en Olimpia, en el Peloponeso, en torno al s. IX a.C. como una loa a Zeus. Al principio consistía solo en carreras pedestres, organizadas por sacerdotes, sacerdotisas y otras autoridades. Hacia el s. VIII a.C., el festival se había convertido en una gran competición solo para hombres que se convocaba cada cuatro años durante cinco días; la convocatoria se alternaba con otras competiciones en toda Grecia, conjuntamente conocidas como Juegos Panhelénicos. De este modo, los atletas podían competir con más frecuencia. Durante los Juegos, las ciudades-estado estaban obligadas a respetar una tregua sagrada que interrumpía cualquier hostilidad existente. Los juegos antiguos cesaron en el año 393 d.C., cuando el emperador Teodosio I prohibió cualquier práctica pagana, y fueron recuperados en su forma moderna en 1896.

Salir a correr por Atenas

RUTAS DE RUNNING

Aparte del subidón de correr por el **estadio Panatenaico,** en Atenas se puede hacer *running* en muchos sitios, como la pista de 500 m que bordea el estadio y a la que solo se puede acceder por una puerta verde trasera, en la calle Arhimidous. Es gratis siempre y cuando no se entre al estadio.

Apostolou Pavlou es un enorme paseo empedrado que va desde el **Ágora antigua** (p. 62) hasta los caminos de la colina de Filopapo y la peatonal **Dionysiou Areopagitou** (p. 52). Súper céntrico también es el **Jardín Nacional** (p. 85), con más de 7000 árboles, pero cierra al anochecer; de correr a esa hora, se recomienda ir sin auriculares para escuchar el silbato que avisa del cierre.

Si se quiere ir más lejos, en la **Riviera de Atenas** (p. 170), un paseo atraviesa **Flisvos Marina** (p. 171), Palaio Faliro y Alimos hasta Glifada. También se puede entrar al gran **parque Stavros Niarchos** (p. 171).

Ver arte internacional de primera en la Fundación Goulandris

MUSEO DE ARTE

PLANO: **3** P. 112 **C4**

La **Fundación Basil y Elise Goulandris** (*goulandris.gr; adultos/niños 12 €/gratis*) tiene una de las colecciones de arte privadas más valiosas del mundo, acumulada por el difunto magnate naviero Basil Goulandris y su esposa Elise. Cuenta con obras de finales del s. XIX y

el s. XX de artistas como Cézanne, Van Gogh, Picasso y Bacon. Una de sus maravillas es un bronce de la famosa estatua de Degas *La pequeña bailarina*. También se exponen piezas de pintores griegos vanguardistas como Parthenis, Vasiliou, Hadjikyriakos-Ghikas, Moralis y el escultor innovador Takis. Se puede almorzar en su **café,** con su patio arbolado cercado.

La Fundación Goulandris cuenta con una sección de 8 m de longitud de *El mercado callejero* de Tetsis. Hay otra sección más grande de esta obra maestra de 50 m de longitud en la Galería Nacional (p. 102).

Pasear por el primer cementerio de Atenas

CEMENTERIO

PLANO: **4** P. 113 **A8**

Durante el dominio otomano, los griegos enterraban a los muertos en las iglesias parroquiales. El **primer cementerio de Atenas** (*gratis*) se creó después de la independencia en 1821. Por Longinou se entra a este remanso de paz y jardín escultórico con monumentos neoclásicos. Atención especial merece la *Muchacha dormida* de Yannoulis Chalepas, el escultor griego más admirado de la era moderna. Entre las figuras aquí enterradas están Giorgos Seferis, poeta ganador del Premio Nobel, el arqueólogo Heinrich Schliemann, con su mausoleo decorado con escenas de la guerra de Troya, y la actriz Melina Mercouri y su marido Jules Dassin.

Quien desee ver más cementerios puede ir a Kerameikos (p. 158).

De ruta por 'plateias' en Pangrati
CAFÉS Y CÓCTELES

Pangrati es uno de los mejores barrios atenienses donde relajarse en un café de día y empalmar con la vida nocturna de bares y restaurantes. Aquí se mezclan *hipsters* y ancianos que juegan al *backgammon,* y los críos corretean en las plazas de todo el barrio.

Plateia Proskopon, larga y frondosa, está rodeada por animados cafés como **Epireia** (PLANO: **5** P. 112 **D2**; *facebook.com/epireia*) y bares como **Wine Bar 33** (p. 123; *winebar-33.gr*), con sus terrazas en la plaza. Al subir por la calle están el popular café-restaurante-bar **Lost Athens** (PLANO: **6** P. 112 **E3**) y **1888 Athens** (p. 122).

Adentrándose más en el barrio, en **Plateia Mesologgiou,** uno puede relajarse en **Beniamin** (p. 122; *@veniamin.ath*), uno de los cafés-restaurantes que dan a un parque infantil y una fuente, ir al **Sloth** (p. 122; *@sloth.athens*) para un café y *brunch,* o al **Eklekti Confectionery** (PLANO: **7** P. 113 **F5**; *eklekti.gr*) por si apetece un delicioso pastel.

Escoger se pone más difícil en la arbolada **Plateia Varnava,** donde el bar **Shakers** (p. 122; *@shakers _athens*) ocupa una parte, pero también abundan las heladerías como **Morris Brown** (p. 122; *morrisbrown.gr*), restaurantes como el vegetariano **Baba Ghanoush** (p. 121; *babaghanoush.gr*), y pastelerías como **Kallimarmaro** (p. 122; *@kallimarmaro.bakery.pastry*).

Comprar artesanías en Pangrati
DE COMPRAS

PLANO: **8** P. 112 **D2**

Las tiendas de Pangrati son muy variadas, desde **Armanidis** (p. 123), tostadero de café de toda la vida, al atelier de Eleftheria Domenikou, una innovadora diseñadora de Pangrati que elabora ropa y complementos minimalistas que vende en su estudio y tienda **Hallelujah** (p. 123; *hallelujah design.gr*).

Al doblar la esquina, se puede visitar el taller de Viki Topalidou y Christina Papadopoulou, llamado **Threesome Ceramics** (*three someceramics.com*). Se pueden ver sus piezas aún sin terminar y comprar cerámica alegre y original.

Relajarse como un lugareño
CAFÉ

PLANO: **9** P. 113 **D5**

Parte del arte de vivir en Pangrati consiste en relajarse, charlar y absorber la vida. El **Chelsea Hotel** en **Plateia Plastira** es un pilar del ambiente *cool.* De día todo es café, libros y ordenadores portátiles, pero al atardecer solo hay sitio para estar de pie. También se puede comprar un *souvlaki* en **Elvis** (p. 121), que está al lado, y acompañar la copa con un tentempié hasta las tantas.

Consultar athensinsider.com para saber qué se cuece por la noche en Pangrati; en realidad se trata una revista del barrio que informa sobre actividades en toda la ciudad.

Lo mejor para...

€ Económico €€ Medio €€€ Alto

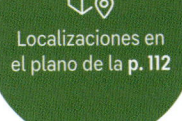
Localizaciones en el plano de la **p. 112**

Comer

Los elegidos del barrio

Mavro Provato €€

 10 D3

Popular *mezedhopoleio* que sirve platillos deliciosos con vinos griegos. *13.00-24.00 lu-sa, hasta 19.00 do*

Athenais €

11 E2

Lugar agradable, poco más que una cocina con algunos taburetes, para comer algo rápido, en este caso platos griegos recién hechos como lentejas o cerdo asado. *11.30-18.30 lu-sa*

Xatiri €€

12 E2

Favorito del barrio por sus filetes, *pizzas* y pasta en un ambiente relajado y cálido. La carta es breve pero muy rica. *19.00-1.00 ma-sa, 12.30-18.00 do*

Colibri €

13 C6

Los vecinos lo frecuentan por sus animadas mesas en una calle arbolada y por sus *pizzas,* que van de la italiana clásica a la vegetariana creativa (en serio, el yogur funciona). Las hamburguesas y ensaladas también son excelentes. *18.00-24.00 lu-vi, desde 13.00 sa y do*

Elvis €

 14 D5

Popularísimo local de *souvlaki* dedicado al Rey del *rock and roll* (por si la decoración y el nombre no lo han dejado claro). Las broquetas se sirven con buen pan y patatas fritas. *12.00-3.00 do-ju, hasta 5.00 vi y sa*

Templos gastronómicos

Soil €€€

15 C6

Espacio relajado con un jardín con lucecitas para emprender un viaje de 3 h con 14 platillos muy locales, cada uno de ellos una sensación de sabor y técnica. *18.30-1.00 lu-sa*

Spondi €€€

16 C7

Referencia gastronómica en la capital griega durante más de un cuarto de siglo: la cocina francesa y el servicio, excelentes ambos, son merecedores de esa sempiterna estrella Michelin. *20.00-23.45*

Vegetariana y vegana

The Vegan Vandal €

 17 D2

Lugar referencial de Pangrati con exquisiteces veganas como hamburguesa de guanábano deshilachado, *souvlaki* de setas y *nuggets* de coliflor. *16.00-23.45*

Baba Ghanoush €

18 D7

Comida vegetariana muy sencilla pero deliciosa y hecha desde cero con un aire de Oriente Medio, p. ej. fálafel y pan de pita. *17.00-24.00 lu, desde 13.00 ma-do*

Pastelerías y cafeterías

Antonis Selekos €

19 F3

Pastelería hecha a medida ante los ojos del cliente ¡Hay que probar el *lemon pie* de Anthy! *14.30-22.30 lu-vi, desde 11.00 sa, 11.00-21.00 do*

Millybird
20 D3

Amplia y luminosa cafetería que sirve ricos horneados, tentempiés ligeros y cafés intensos en una calle tranquila. *8.00-18.00 lu-vi, 9.00-17.00 sa y do*

Foyer Espresso Bar
21 E6

Los cafeteros lo invaden por sus deliciosos cafés con granos de todo el mundo. También artículos horneados. *8.00-18.00 lu-vi, desde 9.00 sa y do*

Odeon Cafe
22 A6

Instantánea de la vida ateniense, donde los amigos charlan tranquilamente o, quizá con suerte, haya alguien tocando el piano. *8.00-1.30 lu-vi, 9.00-2.00 sa y do*

Sloth
23 F5

Generosos *brunch* (tortitas, huevos Benedict, sándwiches) con un café fuerte de día, o cócteles por la noche, en Plateia Mesologgiou. *8.00-24.00 o 1.00*

Kallimarmaro
24 C7

Excepcional *spanakopita* (hojaldre de espinacas) y demás ricuras en esta pastelería de barrio, donde desayunan muchos vecinos. O por qué no, regalarse unos profiteroles de nata. *6.30-23.00 lu-sa, 7.00-22.00 do*

Chocolate
25 F7

El nombre ya lo dice todo: un festival del chocolate, más dulces tradicionales griegos, y helados y *granitas. 8.00-22.00, jul y ago cerrado*

Ohh Boy
26 D2

La cafetería del momento, con café y comidas y caprichos saludables, y una tienda de alimentación ecológica cerca. *8.30-24.00 lu-vi, desde 9.00 sa y do*

Helados y sorbetes

Maraboo
27 E3

Probablemente elabora los mejores helados naturales caseros, de sabores clásicos y originales. *15.00-24.00 lu-vi, desde 13.00 sa y do*

Morris Brown
28 C7

Ricos helados de un heladero formado en Bolonia, más sorbetes de frutas griegas, ideales para disfrutar bajo los árboles de Plateia Varnava. *8.30-24.00*

Beber

Café o cócteles

Shakers
29 D7

Garito céntrico y popular cuya clientela invade la acera de Plateia Varnava. Ideal para un café de día y unos cócteles de noche. *8.00-1.30 do-ju, hasta 2.30 vi y sa*

Beniamin
30 F4

El personal recibe con simpatía a sus clientes en este local informal de la arbolada Plateia Mesologgiou. Buenos cócteles que se pueden acompañar con un *mezze. 10.00-2.00 do-ju, hasta 3.00 vi y sa*

1888 Athens
31 E3

Lugar diminuto con mesitas en la calle donde tomarse un vino o una cerveza y acompañarlos con deliciosos platillos. *16.00-1.00 ma-do*

Petite Fleur
32 D2

Este café espacioso y colorido es uno de los más bonitos en la preciosa y verde Plateia Proskopon. Viene a ser como un café parisino, pero con buenos cócteles. *9.00-1.00*

Metz Cafe
 33 A7

Cafés de día y copas de noche, con conciertos puntuales de *jazz* y acústicos. Consultar su programación en *face book.com/metzathens*. *9.00-1.30 lu-ju, hasta 2.00 vi y sa, hasta 22.30 do*

Bares de vinos
Materia Prima
 34 F4

Maravilloso bar de vinos de barrio en la arbolada Plateia Mesologgiou, con otro local también en **Koukaki** (p. 57). Extraordinarios vinos de añada, griegos y foráneos. *18.00-1.30*

Wine Bar 33
 35 D2

La mejor opción para un vino en Plateia Proskopon, en pleno territorio de cafés. Ideal para observar a la gente. *18.30-24.00 lu-vi, hasta 1.00 sa*

Música en directo
Half Note Jazz Club
 36 A6

Antes de desplazarse hasta Mets conviene consultar su programación con los mejores jazzistas griegos y foráneos.

Los miércoles y jueves ofrecen conciertos en recuerdo a Nina Simone. Es un lugar acogedor y sin pretensiones, donde la música lo es todo. *Solo abre para conciertos, cerrado en verano*

Comprar

Alimentos tradicionales
Pangrati Weekly Market
 37 F6

Hay que adentrarse más en Pangrati para conocer su *laïki agora* (mercado semanal de frutas y verduras) de los viernes. Se monta en Pirrou, desde Ymittou hacia el sureste. *9.00-14.00 vi*

Armanidis
38 F5

Es divertido entrar a este tostadero de café de toda la vida donde también hay cajas de dulces, especias y frutos secos. *9.00-17.30 lu, mi y sa, hasta 19.30 ma, ju y vi*

Cosmética, moda y objetos de colección
La Vie en Rose
39 C7

La cadena griega de Dimitra Katsafadou hace

cosmética de lujo, aceites y esencias para la belleza y el cuidado corporal. *9.00-21.00 lu-vi, hasta 18.00 sa*

Cat Black Jewellery
40 D2

Boutique con piezas bonitas y asequibles de plata, latón y piedras semipreciosas. *11.00-15.00 mi, hasta 20.30 ma, ju y vi, 12.00-16.00 sa*

Hallelujah
41 E2

Eleftheria Domenikou diseña alegres y holgados vestidos e interesantes complementos, pero también vende piezas de otros diseñadores. *10.30-14.30 y 17.30-21.00 ma, ju y vi, 11.00-18.00 mi y sa*

Chalk of the Town
42 D2

En la Antigüedad todos los monumentos estaban coloreados con pintura a la tiza como las que vende esta tiendecita. También ofrece pinceles, plantillas para estarcir y bonitos objetos de regalo. Consultar en línea (*chalkofthetown.gr*) sus talleres de pintura. *11.00-18.00 lu, mi y sa, hasta 20.30 ma, ju y vi*

Sugerencias
de lugares para
comer, beber
y comprar en
p. 139

Explora
Exarchia, Omonia y Kypseli

Exarchia tiene mala fama por ser territorio de okupas y de miles de grafitis. Ofrece una mezcla de estudiantes (está cerca de las universidades), creativos, inmigrantes, izquierdistas trasnochados e intelectuales, con el arte urbano y la policía antidisturbios como telón de fondo. Aferrado a la colina de Strefi, es un buen barrio para comer a buen precio, ir de compras curiosas, de bares informales y de conciertos. El Museo Arqueológico Nacional también está aquí.

La ajetreada plaza de Omonia es un epicentro comercial, pero sórdida de madrugada. Al sureste, destacan tres edificios neoclásicos. Al norte, Kypseli ha recuperado el brillo con la reinvención de su mercado y la calle peatonal Fokionos Negri.

Cómo desplazarse

 Metro
La estación Omonia (líneas roja y verde) está al oeste de Exarchia. La estación Panepistimio (línea roja) está al sur. El Museo Arqueológico Nacional está a 10 min a pie de la estación Viktoria (línea verde).

 Trolebús
Para ir al museo arqueológico, tomar el trolebús n° 2, 4, 5, 9 o 11 en cualquier punto de Panepistimio y apearse en Polytechneio.

 A pie
Kypseli está 20 min al norte de Exarchia, en el lado más apartado del gran parque Pedion Areos. Ojo, algunas calles pueden ser un poco peligrosas.

Monte Licabeto (p. 102), desde Strefi (p. 135).

TSUGULIEV/SHUTTERSTOCK ©

LO MEJOR

ESCULTURA
Museo Arqueológico
Nacional (p. 128)

VISTAS DESDE LA CIMA
Colina de Strefi (p. 135)

SALIDA NOCTURNA
Música en directo (p. 137)

COMIDA REGIONAL
Típica cretense (p. 139)

VIDA VEGETARIANA
Mercado (p. 136) y
restaurantes veganos (p. 140)

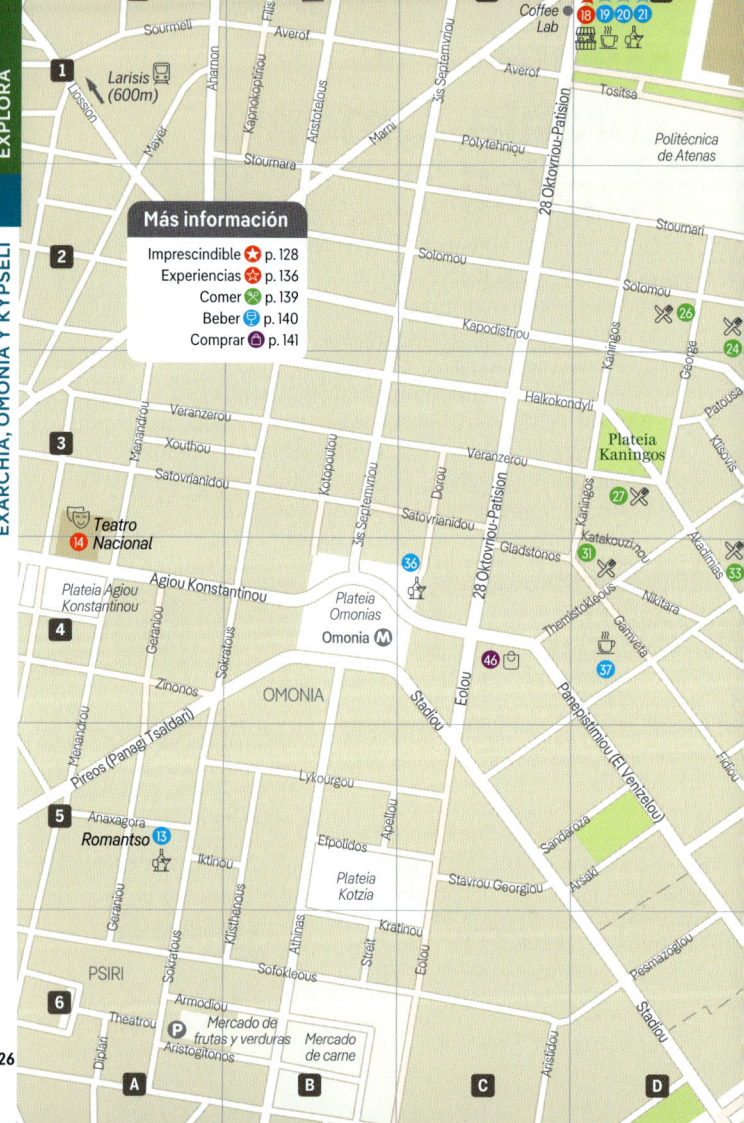

Más información

Imprescindible ⭐	p. 128
Experiencias 🎇	p. 136
Comer ✳	p. 139
Beber 🍸	p. 140
Comprar 🛍	p. 141

Larisis
(600m)

1 Lossión

Sourmeli
Filis
Averof
Aharnon
Kapodistriou
Mayeri
Aristotelous
Stournara
Marni
3is Septemvriou
Polytehniou
Averof
Coffee Lab
18 19 20 21
28 Oktovriou-Patision
Tositsa
Politécnica de Atenas
Stournari
Solomou
Solomou
26
Kaningos
Georga
24
2
Kapodistriou
Halkokondyli
Patousa
Kisovis
3 Veranzerou
Menandrou
Xouthou
Satovrianidou
Kotopoulou
3is Septemvriou
Dorou
Satovrianidou
Veranzerou
Plateia Kaningos
Kaningos
27
Akaimas
🎭 Teatro
14 Nacional
Katakouzinou
31
Agiou Konstantinou
Plateia Omonias
36
Gladstonos
28 Oktovriou-Patision
Themistokleous
Nikitara
33
Plateia Agiou Konstantinou
Geraniou
Sokratous
Omonia Ⓜ
Eolou
46
Panepistimiou (El Venizelou)
Kanveta
37
4
Zinonos
Menandrou
Stadiou
Eolou
Fidiou
OMONIA
Pireos (Panagi Tsaldari)
Lykourgou
5 Anaxagora
Romantso **13**
Geraniou
Sokratous
Iktinou
Klisthenous
Apellou
Efpolidos
Plateia Kotzia
Stavrou Georgiou
Sandalozia
Avsidi
Athinas
Streit
Kratinou
Eolou
Aristidou
Pesmazoglou
PSIRI
Sofokleous
Stadiou
6 Theatrou
Armodiou
Aristogitonos
P Mercado de frutas y verduras
Mercado de carne
Dipilai

Museo
Arqueológico Nacional

6 Museo Epigráfico

Koundouriotou

EXARCHIA

Tositsa

Bouboulinas

Zaïmi

Navarhou Apostoli

Spyridonos Trikoupi

Tsamadou

Kolonou

Zosimadon

Koundouriotou

Kallidromiou

Ersis

Poulherias

0   200 m

Colina de Strefi

Anexartisias

44

22

Mercado
semanal
de Exarchia

2

Emmanuel Benaki

Kallidromiou

Petsovou

Sholeiou

2

Themistokleous

Eresou

Methonis

Plateia
Exarcheion

16

Vox

Aralkou

An Club

12

Solomou

O Kavouras 10

32

40 28

29

15 Riviera

34

Derveniou

Eressou

Hariaou Trikoupi

Zoodohou Pigis

Kallidromiou

Methonis

Koletti

39

38

50

Daveli

Mesolongiou

30

9 45

Zacharias

Valtetsiou

Mavromihali

Methonis

3

Eressou

Gravias

Emmanuel Benaki

Koletti

Mesolongiou

Manis

Didotou

35

Lontou

Zaloggou

Araltois

Derveniou

Valtetsiou

25

Mavromihali

Patriarhou
Fotiou

4

Klafas

41

Zoodohou Pigis

Solonos

EXARCHIA

Hariaou Trikoupi

Navarinou

Mavromihali

Askitpiou

7

Plastikourgeio

43

42

LYKAVITTOS

Meliti Odarxiou

Defnomir

Feidiou 2
Music Cafe

11

47

Ipokratous

Akadimias

Prassa G.

Sina

Statha G.

Dinaki P.

1 Museo
Loverdos

Olympia Municipal
Music Theatre
Maria Callas

17

49

48

Koukoutsi

Askitpiou

8

51 23

Kaplanon

Massalias

Sicufa

Delfon

Didotou

5

Biblioteca
Nacional

5

Universidad
de Atenas

4

KLAFTHMONOS

Rigas Fereou

Akadimias

Askitpiou

Mantzarou

Solonos

Omirou

Sina

KOLONAKI

Anagnostopoulou

Lykavittou

6

Panepistimio

M

M Panepistimio

Academia
de Atenas

3

Panepistimio

Sina

Korai

127

Museo Arqueológico Nacional

Este museo atesora la mejor colección de antigüedades griegas del mundo, desde la prehistoria a los períodos clásicos, repasando de forma exhaustiva la historia del arte griego. Es imposible ver todas las esculturas, cerámicas, joyas y frescos en una sola visita, pero no importa porque todo lo que se vea será una delicia.

PLANO: P. 126 **E1**

CONSEJO
Cada uno ha de ir a su ritmo. Este enorme edificio neoclásico del s. XIX alberga 11000 objetos que merecen unas horas de dedicación, o más si se tiene un interés especial.

Escanea este código QR para precios y horarios *(atención a los martes: 13.00-20.00).*

Antigüedades micénicas

Justo al entrar, se verá la colección prehistórica, con importantes piezas del arte micénico, neolítico y cicládico, muchas de oro macizo. Se puede empezar con las antigüedades micénicas de las salas 3 y 4. La espléndida máscara mortuoria de oro repujado se la conoce como **máscara de Agamenón,** el rey que, según la leyenda, atacó Troya en el s. XII a.C., aunque es difícil de creer. Heinrich Schliemann, el arqueólogo que se propuso probar que las epopeyas de Homero eran historias ciertas, y no un mito, desenterró la máscara en Micenas en 1876.

Los exquisitos **vasos de oro de Vafio,** decorados con escenas de hombres domeñando toros salvajes, son algunos de los mejores ejemplos de arte micénico que sobreviven. Se encontraron en un *tholos* (tumba micénica en forma de colmena) en Vafio, cerca de Esparta.

Colección cicládica

Que nadie se pierda la colección cicládica (sala 6) con sus maravillosas (y misteriosas) estatuillas de mármol blanco del II y III milenios a.C., que inspiraron a artistas como Picasso y Modigliani. Hay un ejemplo espléndido de 1,52 m de altura del 2600-2300 a.C.

Kouros de Sunio

A la izquierda de la entrada están las galerías que custodian las esculturas más antiguas; la más deslumbrante, y con diferencia, la más colosal es el Kouros de Sunio, del año 600 a.C. (sala 8), tallada en mármol de Naxos, que se alzaba delante del templo de Poseidón (p. 174) en Sunio. Su estilo señala un punto de transición en la historia del arte, que parte de las líneas rígidas de la escultura egipcia más antigua hacia rasgos más realistas –como la así llamada "sonrisa arcaica"– que los griegos adoptarían en siglos posteriores.

Bronce de Artemisio

En la sala 15 puede verse la mítica estatua de bronce de Zeus o de Poseidón (no se sabe a cien-

CUÁNDO IR
Llegar pronto para no ir con prisas. Si se coincide con un grupo, subir al piso de arriba y ver el resto después.

HERACLES KRITIKOS/SHUTTERSTOCK ©

Museo Arqueológico Nacional

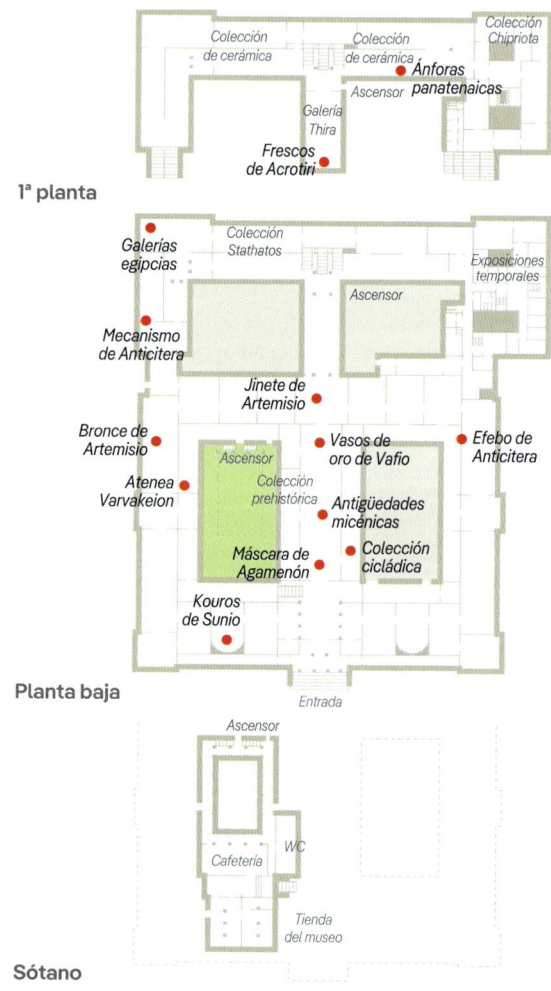

1ª planta

Colección Chipriota

Colección de cerámica

Colección de cerámica

Ánforas panatenaicas

Ascensor

Galería Thira

Frescos de Acrotiri

Planta baja

Galerías egipcias

Colección Stathatos

Exposiciones temporales

Ascensor

Mecanismo de Anticitera

Jinete de Artemisio

Bronce de Artemisio

Vasos de oro de Vafio

Efebo de Anticitera

Ascensor

Atenea Varvakeion

Colección prehistórica

Antigüedades micénicas

Máscara de Agamenón

Colección cicládica

Kouros de Sunio

Entrada

Sótano

Ascensor

WC

Cafetería

Tienda del museo

cia cierta) del año 460 a.C., encontrada en el mar, frente a la isla de Eubea en 1928. La musculada figura mantiene los brazos extendidos, el derecho algo levantado en posición para lanzar lo que en su día debió ser un rayo (si fuera Zeus) o un tridente (si fuera Poseidón).

Atenea Varvakeion
En la sala 20, hay que fijarse en los detalles de la estatua de Atenea, del 200 a.C.: el yelmo rematado con una esfinge y grifos, un escudo con una gorgona y la mano sosteniendo una figurita de Niké alada (sin cabeza). Ahora solo queda imaginársela 10 veces más grande y revestida de oro: así era la legendaria y ahora perdida colosal figura de Atenea (11,5 m de altura) que el escultor Fidias erigió delante del Partenón en el s. V a.C. Se cree que esta es la mejor réplica que existe de aquel coloso.

El misterioso Mecanismo de Anticitera
Entre los valiosos descubrimientos que hicieron los buceadores de esponjas en 1900 frente a la isla de Anticitera se encontraba el Mecanismo de Anticitera (sala 38), una calculadora astrológica del s. II a.C. Un prototipo del elaborado instrumento creado en el 2021 reveló cómo calculaba las posiciones de los planetas y las fechas de los eclipses y los Juegos Olímpicos, entre otros acontecimientos. Sigue siendo un misterio quien hizo el original.

Jinete de Artemisio
En la sala 21 y delante de obras exquisitas como la estatua de Afrodita, se halla el vigoroso caballo con su joven jinete (foto p. 132), del s. II a.C.

Efebo de Anticitera
La sala 28 exhibe el asombroso bronce del Efebo de Anticitera, del s. IV a.C. Su mano en su día sostenía algún objeto esférico, hoy perdido. La estatua se descubrió en un pecio frente a la isla de Anticitera.

ENTRADA COMBINADA
Comprar un abono para tres días que incluye este museo, el vecino Museo Epigráfico, el Museo Bizantino y Cristiano y el Museo Numismático *(nummus.gr)*.

UNA PAUSA
Tomar un refrigerio en el **café** del patio ajardinado y lleno de esculturas. O relajarse en un café de la plaza de delante, o cruzar la calle hasta el **Coffee Lab** (PLANO: P. 126 **C1**).

BERK OZDEMIR/SHUTTERSTOCK ©

DÍAS GRATUITOS
La entrada es gratis el 6 de marzo, el 18 de abril, el 18 de mayo, el último fin de semana de septiembre, el 28 de octubre, y el primer domingo del mes de noviembre a marzo.

Galerías egipcias

Las salas 40 y 41 exhiben las mejores piezas de la valiosa colección egipcia del museo, la única en Grecia. Los objetos, que datan desde el año 5000 a.C. hasta la conquista romana, incluyen momias, estatuillas de bronce y los preciosos y evocadores retratos pintados en féretros romanos.

Frescos de Acrotiri

En el piso de arriba, la sala 48 está dedicada a los espectaculares frescos minoicos de un poblado prehistórico en Santorini (Thira), conservados gracias a una erupción volcánica de finales del s. XVI d.C. que los sepultó. Los frescos incluyen *Niños boxeando* (foto arriba dcha.) y *Primavera,* que muestra lirios rojos y un par de golondrinas

LEFTERIS PAPAULAKIS/SHUTTERSTOCK ©

besándose en el aire. Los vídeos enseñan la erupción de 1926 y las excavaciones en Acrotiri. En esta planta también hay una fabulosa colección de cerámica que abarca desde la Edad de Bronce a la cerámica ática de figuras rojas (fin s. v-ppios s. IV a.C.).

Ánforas panatenaicas

La sala 56 exhibe ánforas de cerámica que recibían como premio los ganadores de las Panateneas (los hubo que se llevaron hasta 140) y que contenían aceite de los olivos sagrados de Atenas. Están pintadas con escenas del deporte en cuestión (lucha, en este caso) por un lado y una Atenea Prómacos (Atenea vencedora) armada por el otro.

UN GRAN MUSEO
El museo se creó en este lugar entre 1866 y 1889, con la fachada proyectada por Ernst Ziller. El ala este se amplió en el s. XX. El museo tiene 8000 m de espacio expositivo.

CIRCUITO A PIE

Paseo por Exarchia

Por un lado, Exarchia es conocida por su política anticapitalista y sus edificios okupados. Por el otro, abundan las tiendas, sobre todo de artículos de coleccionismo y de libros, y también las editoriales. Esta ruta permite conocer los mejores grafitis de Atenas, prósperos pequeños comercios y plazas, y disfrutar de refrescos únicos.

INICIO	FINAL	DURACIÓN
Plateia Exarhion	Rakoumel	1,5 km; 1-2 h

1 Plaza central

Se empieza en la **Plateia Exarcheion,** el centro vital de Exarchia. Está vallada por las obras del metro y, a menudo, está vigilada por la policía antidisturbios, pero es un lugar ideal para observar a la gente desde cualquier café de la plaza, como el **HBBH.**

2 Arte urbano

El arte urbano decora Exarchia, a menudo con incisivos mensajes políticos. Hay que bajar por Arahovis hasta Emmanuel Benaki para encontrar el **mural 'No Land for the Poor',** que muestra a un hombre sin techo durmiendo. Es obra de Wild Drawing, nacido en Indonesia y afincado en Atenas. En el plano de su web (wdstreetart. com) figuran más obras del artista en la ciudad.

3 Monumento en recuerdo de una tragedia

Se zigzaguea hacia el suroeste hasta la esquina de Mesolongiou y Tzavella para ver el **monumento a Alexis Grigoropoulos,** el adolescente de 15 años cuya muerte en el 2008 a manos de la policía desencadenó una tormenta política a nivel nacional. La policía alegó que era un alborotador anarquista, pero testigos presenciales dijeron que el chaval solo estaba pasando el rato con sus amigos.

4 Jardín comunitario

Para quienes consideren que el anarquismo solo consiste en disturbios y en edificios okupados, debería pasar por el **parque Navarino,** en la esquina de Navarinou y Zoodohou Pigis, un antiguo aparcamiento que los vecinos convirtieron en espacio verde en el 2009. Aún cuidan de él y cuenta con un parque infantil, frutales y huertos y, cómo no, arte urbano.

5 Calle comercial

Se sube por Zoodohou Pigis para conocer tiendas muy especializadas (p. 137), como **Ode to Socks** de calcetines de diseñadores griegos y **Plan 59** (p. 141) de vinilos descatalogados.

6 Refrescos y grafitis

Toca un delicioso pastelito y un buen café en la **Black Salami Microbakery,** para luego seguir fijándose en más paredes, callejas y escaleras de Exarchia, con algunos de los grafitis más creativos del mundo, como las **escaleras de la colina de Strefi.**

7 Atardecer en la colina

Se va a la **colina de Strefi,** al noreste del barrio, para tomar una copa al atardecer en el café-bar **Exostrefis** (p. 141). A veces hay música en directo a partir de las 22.00 *(mi-sa).*

8 Cena cretense

Se baja la colina para cenar en **Rakoumel** (p. 139) o **Oxo Nou** (p. 139), ambos de cocina cretense, hecha con hierbas aromáticas de la montaña y carnes a fuego lento.

EXPERIENCIAS

Visitar la preciosa mansión Museo Loverdos
MUSEO DE ARTE

PLANO: **1** P. 127 **F5**

Aunque cueste creerlo, el elegante **Museo Loverdos** (*loverdosmu seum-bma.gr; gratis*) era un edificio quemado del que solo quedaba la estructura. Fue la casa de Ernst Ziller (que la completó en 1885), el arquitecto alemán que proyectó cientos de edificios neoclásicos en Atenas. El banquero y coleccionista de arte Dionysios Loverdos vivió aquí entre 1912 y 1934. Se quemó en 1980 y, durante años, estuvo okupada hasta que fue restaurada.

El edificio es una obra de arte con impresionantes murales, frescos en los techos, chimeneas, suelos de mosaico y una escalera de madera labrada; todo ello conforma la colección de arte religioso postbizantino de Loverdos, que incluye las escuelas cretense y jónica, y manuscritos.

Comprar en mercados de frutas y verduras
COMPRAR Y COMER

PLANO: **2** P. 127 **G2**

Para muchos atenienses, su semana no es completa si no se pasan por el **mercado semanal de Exarchia,** que se monta en Kalidromiou cada sábado hasta las 14.00. Es un evocador *laïki agora* (mercadillo semanal de barrio) donde los vociferantes tenderos venden flores, frutas, infusiones de hierbas de la montaña, miel, etc., delante de bonitos edificios neoclásicos. Se podría buscar también al vendedor ambulante de *ouzo,* o acomodarse en una cafetería y limitarse a observar.

Otros *laïki agora* que están bien son el de **Kolonaki** (p. 109), en la arbolada Xenokratous, y el de **Pangrati** (p. 123) en Pirrou y Ymittou; ambos el viernes por la mañana.

Admirar la trilogía neoclásica
EDIFICIOS MONUMENTALES

Sin duda, la **Academia de Atenas** (PLANO: **3** P. 127 **F6**) es uno de los edificios más atractivos del mundo. Se puede subir a Panepistimiou para verla, junto a sus dos bonitos vecinos. Fue proyectada por el arquitecto danés Theophil Hansen y completada en 1885. Desde 1926, el edificio está ocupado por el instituto de investigación más prestigioso de Atenas. Las estatuas de Atenea y Apolo de Leonidas Drossis rematan sus columnas jónicas de 10 m. Uno puede asomarse a la sala principal para ver el mural de Christian Griepenkerl del Prometeo encadenado de Esquilo.

Al lado, la **Universidad de Atenas** (PLANO: **4** P. 127 **F6**; *uoa.gr*) es obra de Christian Hansen, el hermano de Theophil, que terminó en 1864. Acoge las oficinas de la universidad y el aula magna.

La **Biblioteca Nacional** (PLANO: **5** P. 127 **E6**; *nlg.gr*), terminada en 1902, es otra obra deslumbrante de Theophil. Aquí solo se puede dar un rápido vistazo al vestíbulo de la entrada.

Descifrar en el Museo Epigráfico
INSCRIPCIONES ANTIGUAS

PLANO: **6** P. 127 **E1**

Se podría pasar media hora en el **Museo Epigráfico** (*epigraphicmuseum.gr; adultos/reducida 4/2 €*) que está en el lado sur del Museo Arqueológico Nacional y es una importante colección de inscripciones griegas. No hay mucha información en las piedras expuestas en las salas principales. Sin embargo, las secciones más nuevas aportan más contexto al sistema de escritura griego y exponen piezas históricamente más reveladoras, como una copia del s. III (o falsificación, tal vez) del decreto que ordenó la evacuación de Atenas antes de la invasión persa del 480 a.C.

El personal facilita una hoja con las variantes del alfabeto antiguo por si alguien quiere descifrar algunas inscripciones.

Curiosear en las heterogéneas tiendas de Exarchia
DE COMPRAS

Exarchia cuenta con una mezcla interesante de comercios, desde establecimientos de diseño moderno a anticuados fabricantes de productos electrónicos y minoristas de la vieja escuela.

Plastikourgeio (PLANO: **7** P. 127 **H4**; *plastikourgeio.com*) vende productos de plástico reciclado o que ayudan a evitarlo de entrada. La pequeña **Koukoutsi** (PLANO: **8** P. 127 **G5**; *koukoutsi.net*) se especializa en camisetas, complementos y grabados con elegantes imágenes inspi-

radas en Atenas y Grecia. **Zacharias** (PLANO: **9** P. 127 **G3**; *zacharias.es*) es un taller que serigrafía diseños –algunos inspirados en motivos clásicos– en cuadernos de piel, camisetas y demás. En el barrio también hay interesantes tiendas de cómics como **Comicon Shop** (p. 141) en Solonos.

Escuchar música en directo, desde 'rembetika' a 'thrash'
MÚSICA EN DIRECTO

Los atenienses van a Exarchia por sus bares alternativos: hay uno casi en cada manzana, y a menudo programan conciertos. La boyante oferta musical incluye una vigorosa tradición de *rembetika* (canciones bluseras de principios del s. XX), y Exarchia es un barrio fantástico para conocer este estilo musical cargado de sentimiento.

Uno de los locales de *rembetika* más veteranos es **O Kavouras** (PLANO: **10** P. 127 **F3**), donde la fiesta se alarga hasta el amanecer. Está en el sótano del Diplo Café, desde las 22.30 de jueves a domingo y solo en invierno (en general, los locales que solo tienen espacio en el interior cierran en verano). En el acogedor **Feidiou 2 Music Cafe** (PLANO: **11** P. 127 **E5**; *facebook.com/Feidiou2*) también suele haber *rembetika* en directo a partir de las 22.00.

Por su parte, el **An Club** (PLANO: **12** P. 127 **E2**; *anclub.gr*) ha sido un faro del *rock* en directo desde 1987.

Hay otros lugares de *rembetika* como **Perivoli tou Ouranou** (p. 89)

LOS MEJORES ESPECTÁCULOS EN OMONIA Y EXARCHIA

Romantso, Omonia

PLANO: **13** P. 126 **A5**

(romantso.gr) Este café-bar y espacio de trabajo programa DJ y conciertos casi cada fin de semana, y otros eventos.

Teatro Nacional, Omonia

PLANO: **14** P. 126 **A4**

(n-t.gr) Teatro contemporáneo y obras clásicas en esta preciosidad neoclásica. Algunas producciones tienen subtítulos en inglés, y las entradas son a precios razonables.

Riviera, Exarchia

PLANO: **15** P. 127 **F3**

(facebook.com/riviera.athens) Cine al fresco en Exarchia con una programación clásica y de autor desde 1969. El otro es **VOX** (PLANO: **16** P. 127 **F2**).

Olympia Municipal Music Theatre Maria Callas, Exarchia/Omonia

PLANO: **17** P. 127 **E5**

(oly.gr/en/oly) Bautizado en honor a la diva griega, este gran teatro acoge ópera, música clásica y popular.

en Makrygianni y las tabernas en el **mercado central de Atenas** (p. 19).

De compras por un mercado reinventado   MERCADO

Kypseli significa "colmena" y el centro de actividad del barrio es el **mercado municipal de Kypseli** (PLANO: **18** P. 126 **D1**; dak.com.gr) y la calle Fokionos Negri. El mercado de 1935 se ha reinventado como plataforma de iniciativas y tiendas efímeras con fines sociales. Quizá aquí se coincida con un brunch comunitario, un festival feminista o un bazar del cómic. De las tiendas destacan **Modistra Hopemade,** cuyas piezas de costura y productos textiles benefician a las mujeres que han salido de la cárcel, y **Hōkō,** con artículos para el hogar minimalistas y elaborados de forma sostenible. **Astiki Melissa** vende mieles griegas.

Pasar el rato en Kypseli   CAFETERÍAS Y BARES

Mientras se está en Kypseli, hay que aprovechar para disfrutar de sus cafeterías y bares. La versión contemporánea de las kafeneia (cafeterías) de siempre son lugares de encuentro de hipsters como **Kick** (PLANO: **19** P. 126 **D1**; @kick.athens), que está en Sporadon y hace las veces de concept store, donde descargarse películas y canciones mientras se espera el latte con hielo. Se puede pasar por **Au Revoir Bar** (PLANO: **20** P. 126 **D1**; facebook.com/AuRevoir Bar), un clásico donde incluso Frank Sinatra se tomó unos cócteles, o transportarse hasta París en la arbolada Platia Agiou Georgiou, rodeada de cafés y bares; el mejor es **It's a Village** (PLANO: **21** P. 126 **D1**; facebook.com/Bilatz).

Lo mejor para...

Localizaciones en el plano de la **p. 126**

€ Económico €€ Medio €€€ Alto

Comer

Los elegidos de Exarchia

Ama Lachei stis Nefelis €

22 G1

Relajarse en un bonito y bucólico patio emparrado con platillos súper sabrosos. *10.00-23.30 do-mi, hasta 24.00 ju-sa*

Fine Mess Smokehouse €€

23 G5

Sirve unas carnes (costillas, falda), ahumadas en madera de haya, que son tremendamente suculentas. *16.00-24.00 lu-vi, desde 14.00 sa y do*

Atitamos €

24 D2

A pie de calle, este económico y alegre *mezedhopoleio* (restaurante de *mezedhes*) sirve platillos deliciosos, desde musaca a *dolmades* (hojas de parra rellenas). Hay que dejarse un hueco para el *baklava* con miel. *12.00-24.00*

Hayat €

25 H4

Platos kurdos consistentes y especiados, desde la sopa de lentejas (engañosamente sencilla) a los kebabs y estofados con buena relación calidad-precio, todo ello acompañado con un pan buenísimo. *13.00-24.00 ma-do*

Guerilla Chef Burgers €

26 D2

El nombre ya lo dice todo. Jugosas hamburguesas caseras como las de antes y poco más. *12.00-24.00 ma-do*

Especialidades cretenses

I Kriti €

27 D3

Los cretenses lo recomiendan por sus exquisiteces de temporada, como los caracoles guisados, los agridulces *volvi* (bulbos silvestres) encurtidos y el cabrito con ajo y frutos secos. Los fines de semana hay que reservar. *13.00-24.00 lu-sa*

Rakoumel €

28 F3

Cocina casera cretense. Acompañan los platillos con hierbas de montaña y las carnes a fuego lento con *rakomelo* (licor al perfume de miel) cretense. *13.00-1.30 ma-sa, hasta 12.30 do*

Oxo Nou €

29 F3

Este restaurante grande y animado fue uno de los primeros en servir comida cretense súper informal y deliciosa, y sigue haciéndolo. *13.00-1.30*

Comida griega

Yiantes €€

30 F3

Bonito restaurante –de categoría para ser Exarchia– con un patio ajardinado. La comida es fabulosa, hecha con ingredientes en su mayoría ecológicos. *13.00-24.00*

Stoa Allios €

31 D4

Taberna económica y alegre con una terraza delantera bien iluminada y sabrosa lubina a la parrilla, feta y platos por el estilo. *13.00-23.30 lu-sa*

Rozalia
32 F3

En una transitada calle peatonal, esta taberna familiar sirve platos a la parrilla y comida casera. Los *mezedhes* circulan por el local en una bandeja para que la gente señale y elija. Se recomienda sentarse en el jardín. *12.00-24.00 do-ju, hasta 1.00 vi y sa*

Vegana y vegetariana

Mama Tierra
33 D4

Este pequeño y querido restaurante vegano incorpora ingredientes del mercado del barrio en su larga carta, que tiene desde excelentes ensaladas y hamburguesas a *linguine* o *dal,* y clásicos griegos como la musaca en versión vegana. Los *baklava* tampoco tienen desperdicio. *13.00-22.00*

Cookoomela Grill
34 E3

Su especialidad es el *souvlaki* vegano, pero tiene desde *gyros* de setas a kebabs de lentejas, con todas las guarniciones, claro. También sirve hamburguesas veganas y ensaladas por las que uno regresará una y otra vez. *13.00-23.00*

lu-ju, hasta 24.00 vi y sa, 14.00-22.00 do

Bamboo Vegan
35 F3

Está en una tienda de comida sana y cuenta con una carta reducida de deliciosos sándwiches veganos y artículos horneados, que se pueden acompañar con un café, té o *chai.* Tiene un par de mesas para disfrutarlos con calma. *10.00-20.00 lu-vi, hasta 16.00 sa*

Beber

Cafés clásicos

Veneti
36 C4

El café Neon, legendario lugar de reunión de los literatos de Atenas, ahora alberga un café-panadería de la cadena Veneti. En el piso de arriba hay exposiciones de fotografía del Benaki. *6.00-22.00*

Taf Coffee
37 D4

Uno de los mejores tostaderos de café de tercera ola de Atenas, con distribución y mezclas cada día. Para tomarse aquí un café con cono de goteo, o pedir un café exprés rápido en

el mostrador. *7.00-17.30 lu-vi, hasta 15.00 sa*

Cervezas y cócteles

Beatniks Road Bar
38 E3

Agradable, con buenas cervezas de barril, cócteles, y DJ y conciertos puntuales principalmente de *blues* y rock. *19.30-3.00 do-ju, hasta 5.00 vi y sa*

Revolt
39 E3

Este bar pequeño y sencillo, con mesas en una calle peatonal, da vidilla nocturna a unas cuantas manzanas del barrio. *11.00-2.00 do-ju, hasta 3.00 vi y sa*

Alexandrino
40 F3

Parece un coqueto y diminuto bistró francés y sirve excelentes vinos y cócteles. *16.00-3.00 ma-do; cerrado ago*

Tsin Tsin
41 E4

Chiquitito y un poco apartado, en una callecita. El barman conoce el oficio y el ambiente informal es relajante. *14.00-2.30 lu-ju, hasta 4.00 vi y sa, 20.00-2.30 do*

Nabokov
42 G4

Lo que cabe esperar de un bar de Exarchia:

inquietudes literarias, música retro, algo para picar y clientes que dan la impresión de haber pasado aquí toda su vida, y eso que el local abrió en el 2017. *13.00-2.00*

Tralala
 G4

Una parroquia creativa frecuenta el curioso Tralala, con sus bolas de luces, obras de arte originales, unos dueños y ambiente simpáticos y música en consonancia. *12.00-3.00*

Al atardecer

Exostrefis
 H1

En la cima de cualquier colina de Grecia suele haber un café. Y el de la colina de Strefi es un lugar informal para tomar algo por la tarde, junto a una clientela del barrio. *12.00-3.00*

Comprar

Vinilos

Plan 59
 G3

Quien quiera comprar vinilos *vintage* los encontrará en esta tienda y en la vecina Old School Records. El fuerte de las dos son el *jazz* y la psicodelia, aunque Plan 59 tiene más música griega, pero también libros y revistas. *12.00-15.00 ma-sa y 17.30-20.00 ma, ju y vi*

Alimentación

Loumidi
 C4

En 1920, la familia Loumidis creó la famosa marca de café griego Papagalo, hoy en manos de una multinacional. La primera tienda de frutos secos, caramelos, cafés y tés aún existe, pero actualizada. *8.00-20.00 lu-vi, hasta 16.00 sa*

Katalahou
 F5

Cuidadosa selección de frutas, verduras y demás comestibles de cultivo o producción sostenible. *9.00-20.00 lu-vi, hasta 17.00 sa*

Libros y cómics

Politeia
48 F5

Librería grande con títulos en varios idiomas. Y al estar en los márgenes de Exarchia, cuenta con muchos libros de teoría política. *9.00-21.00 lu-vi, hasta 18.00 sa*

Travel Bookstore
49 F5

Lugar céntrico que está muy bien para mapas, planos y guías. *8.30-17.00 lu, mi y sa, hasta 20.00 ma, ju y vi*

Comicon Shop
50 E3

Amplia variedad de cómics independientes griegos, novelas gráficas y fanzines. *10.00-16.00 lu, mi y sa, hasta 19.30 ma, ju y vi*

Free Thinking Zone
51 G5

Se autopromociona como la primera librería activista de Grecia y se especializa en publicaciones LGTBIQ+, refugiados, violencia en la sociedad, etc. También tiene su punto divertido, con un café y recuerdos de fabricación local. *10.00-19.30 lu y mi, hasta 20.30 ma, ju y vi, hasta 16.30 sa*

Sugerencias de lugares para comer, beber y comprar en **p. 153**

Explora
Colina de Filopapo, Thisio y Petralona

Se puede escapar del calor o del bullicio de Atenas relajándose en un plácido café o paseando, a solas, entre lagartijas y piedras milenarias. La colina de Filopapo ofrece vistas de la Acrópolis desde la cima, pero también es un espacio verde que se agradece, junto a la colina de Pnyx al norte. Un poco más allá, el tranquilo barrio de Thisio está atravesado por dos bonitas calles peatonales, con su agradable zona de cafés. Al sur está Petralona, cuyas calles residenciales son más discretas si cabe, un bonito contraste con el centro más turístico.

Cómo desplazarse

 A pie
Aunque hay cuestas, los paseos peatonales y las calles laterales tranquilas los convierten en barrios ideales para descubrir a pie.

 Metro
La estación Akropoli (línea roja) está cerca del lado del Museo de la Acrópolis de la colina de Filopapo, en una bocacalle del bulevar Leoforos Syngrou (donde también está la estación Sygrou-Fix). Al norte, las estaciones Monastiraki (línea azul) y Thisio (línea verde) están bien para ir a Thisio; y la estación Petralona (línea verde) para ir al barrio de Petralona.

Iglesia de Agios Dimitrios Loumbardiaris (p. 145).
RAWF8/SHUTTERSTOCK ©

LO MEJOR

CAPILLA EVOCADORA
Iglesia de Agios Dimitrios
Loumbardiaris (p. 145)

VIDA EN LOS CAFÉS
Thisio (p. 151)

RUTA ALTERNATIVA
Petralona (p. 152)

BOSQUE Y SANTUARIOS
Colina de Filopapo (p. 145)

ESPECTÁCULO DE DANZA
Teatro de Danza Dora
Stratou (p. 150)

MONASTIRAK

ACRÓPOLIS

Colina del Areópago

Odeón de Herodes Ático

Monumento a Filopapo

Agora antigua

Panathenaic Way

Aeón Asomaton

Museo Herakleidon, edificio A

Museo Herakleidon, edificio B

Thision

Colina de Pnyx

Iglesia de Agios Dimitrios Loumbardiaris

Prisión de Sócrates

Colina de Filopapo Santuario de las Musas

Teatro de Danza Dora Stratou

Iglesia de Agia Marina Thission

Observatorio Nacional de Atenas

Colina de las Ninfas

COLINA DE FILOPAPO

Alsos Petralonon

THISIO

Navarchou Voulgari

Pame Paranka

Centro Cultural Melina Mercouri

Ubuntu

Cat Cafe

Spook

Valitsa

Zefyros

PETRALONA

Petralona

Más información

Imprescindible	p. 145
Experiencias	p. 150
Comer	p. 153
Beber	p. 153
Comprar	p. 153

0   200 m

Colina de Filopapo

La también llamada colina de las Musas fue –junto con la de Pnyx (p. 150) y la de las Ninfas (p. 150)– donde, según Plutarco, lucharon Teseo y las amazonas. Hoy las cuestas sembradas de pinos invitan a un relajante paseo y cuentan con un excelente mirador para fotografiar la Acrópolis, así como una iglesia y ruinas notables.

Iglesia de Agios Dimitrios Loumbardiaris

PLANO: P. 144 **E4**

El camino pavimentado de mármol, trazado por el arquitecto Dimitris Pikionis en la década de 1950, parte de cerca del quiosco de la peatonal Dionysiou Areopagitou. A 250 m pasa por la iglesia de Agios Dimitrios Loumbardiaris (facebook.com/agiosdi mitriosloumpardiaris), a mano derecha.

Esta iglesia del s. xvi no es la más antigua de Atenas, pero sí una de las más bonitas, con techumbre de madera, suelos de mármol y el incienso que todo lo invade. Suele abrir de 8.00 a 12.00 y de 17.00 a 20.00, cuando se puede ver en su interior el fresco de 1732 de san Dimitrios a caballo en una posición copiada de antiguas imágenes de Alejandro Magno.

En 1648, la iglesia fue escenario de un supuesto milagro. Los turcos, apostados en la Acrópolis, se disponían a disparar un cañón contra los feligreses de la iglesia, pero un rayo mató al artillero, salvando así a la congregación. De ahí su nombre, Loumbardiaris ("del cañón").

Prisión de Sócrates

Hay que adentrarse al dosel de pinos y seguir el camino hasta esta madriguera de salas excavadas en la roca (a la izda.). La prisión de Sócrates (foto

CONSEJO
Más arriba del límite forestal, la colina está expuesta –llevar protección solar, una gorra y agua–. Llevar algo para picar bajo los árboles, o al atardecer en la cima de la colina.

En los lugares más destacados hay carteles en inglés que explican la historia de la colina.

TONY_PAPAGEORGE/SHUTTERSTOCK ©

UNA PAUSA
Tomar algo en los cafés de Thisio, ya sea en la principal calle peatonal o en Iraklidon. **Acropol Vintage** (p. 153) está en pleno meollo. O ir a cafés próximos al Museo de la Acrópolis (p. 46).

superior) fue donde supuestamente se le encerró antes de su juicio en el 399 a.C.

Sócrates (469-399 a.C.) enseñaba a sus alumnos a razonar por sí mismos formulando preguntas inquisitivas. Fue acusado de corromper a los jóvenes atenienses, encarcelado y condenado a muerte mediante ingesta de cicuta. Su legado es una manera de razonar basado en la eliminación de hipótesis a través de preguntas –el así llamado método socrático–. Su estudiante estelar fue Platón (p. 166) quien, a su vez, fue maestro de Aristóteles (p. 105).

Durante la II Guerra Mundial, se escondieron objetos de la Acrópolis y del Museo Arqueológico Nacional en estas cuevas para protegerlos del saqueo.

Santuario de las Musas y fortificaciones

Por las escaleras de mármol se llega a un nicho en la roca, el santuario de las Musas, dedicado a las deidades que inspiran a los artistas. Incluso hoy, los artistas agradecidos o esperanzados depositan ofrendas en un pequeño hito de piedra. Las ruinas de las murallas defensivas de los ss. IV y V a.C. atraviesan la colina.

Monumento a Filopapo

Este monumento de 12 m de altura corona la colina. Se construyó entre los años 114 y 116 d.C. en honor a Julio Antíoco Epífanes Filopapo, prominente cónsul y administrador romano. Hay que fijarse bien para ver a Filopapo entronizado en lo alto de la hornacina central y a Filopapo en una cuadriga con su séquito en el friso inferior.

Atenas durante el dominio romano

La dominación romana de Grecia empezó cuando se incorporó una parte de Grecia al Imperio romano en el año 146 a.C. En el 86 a.C., Atenas se unió a una desafortunada rebelión en Asia Menor orquestada por el rey de la región del mar Negro, Mitríades VI. Como represalia, el estadista romano Sila invadió Atenas y saqueó sus esculturas más valiosas. Como provincia de Acaya, la península griega estaba oficialmente bajo el auspicio de Roma, pero a algunas ciudades importantes se les concedió un autogobierno con reservas.

También ayudó que los romanos veneraran la cultura griega, de modo que Atenas conservó su estatus como centro de conocimiento. Durante el gobierno de los emperadores romanos Augusto, Nerón y Adriano, la ciudad prosperó. Adriano la consideraba la capital cultural de su imperio y costeó la construcción de una biblioteca (p. 68), templos y un acueducto (p. 106). La Pax Romana, una época de paz relativa, duró en Grecia hasta mediados del s. III d.C.

EMOTIVOS ATARDECERES

La cumbre regala preciosas vistas de la Acrópolis, Ática y el golfo Sarónico; al atardecer y a primera hora de la noche, la luz es espectacular.

CONFIGURACIÓN DEL TERRENO

Hay pequeños senderos que recorren la colina, pero el camino pavimentado que sube a la cima empieza cerca del *periptero* (quiosco) en Dionysiou Areopagitou.

CIRCUITO A PIE

Paseo por la colina de Filopapo, Thisio y Petralona

Filopapo y las colinas aledañas ofrecen un espacio verde que se agradece, y los barrios de Thisio y Petralona están cerca, pero a años luz del ajetreo turístico. Este recorrido muestra una cara inesperadamente más tranquila del centro de Atenas, con muchos sitios donde detenerse y asimilarlo todo.

INICIO	FINAL	DURACIÓN
Colina de Filopapo	Navarchou Voulgari	2,8 km; 2 h

(Mapa del recorrido con las siguientes referencias:)

GAZI · KERAMIKOS · THISIO · Thissio · Plateia Thisiou · Parque Thirsio · Colina de las Ninfas · Alsos Petralonon · Colina de Pnyx · Colina del Areópago · Acrópolis · Iglesia de Agios Dimitrios Loumbardiaris · COLINA DE FILOPAPO · Colina de Filopapo · Eleni Koroneou Gallery

Calles: Persefonis, Pireos, Ermou, Orfeos, Eptachalkou, Efestion, Leokriou, Astingos, Ermou, Adrianou, Iraklidon, Pireos (Tsaldari Panagi), Persefonis, Poulopoulou, Antisthenous, Agion Asomaton, Nileos, Dimofontos, Erysithonos, Iraklidon, Apostolou Pavlou, Dionis, Thessalonikis, Exoneon, Avxentou, Nileos, Galatias, Akamandos, Shitiou, Thorikion, Thrasion, Thessalonikis, Fylasion, Stalikstou, Otryneon, Theorias, Meliteon, Trion Ierarchon, Trion, Pallineon, Theorias, Yperionos, Aristou, Dimofontos, Ionon, Rovertou Galli

Puntos numerados: 1 (INICIO), 2, 3, 4, 5, 6 (FINAL)

N 0 _____ 200 m

EXPLORA

COLINA DE FILOPAPO, THISIO Y PETRALONA

① Colina de Filopapo

Se empieza a los pies de la **colina de Filopapo** (p. 145), cerca del quiosco en la peatonal Dionysiou Areopagitou. La zona estuvo habitada desde la prehistoria hasta la época postbizantina. Quien quiera añadir 1 h a este paseo para explorarla un poco puede visitar su encantadora iglesia de Agios Dimitrios Loumbardiaris y subir a la cima para disfrutar de las vistas de la Acrópolis y del Ática.

② El santuario de Pan

Hay que caminar más allá de la famosa calle peatonal Dionysiou Areopagitou donde se junta con Apostolou Pavlou para abarcar la parte trasera de la colina de la Acrópolis. Cuando se vean las columnas derrumbadas y las ruinas hechas añicos sembrando la colina, hay que mirar a mano izquierda, entre las piedras, para ver el **santuario de Pan** (p. 115), un lugar de culto del s. v a.C., a los pies de la colina de Pnyx.

③ Mercadillo en la acera

Se continúa por Apostolou Pavlou y se llega a los cafés de Thisio, y más adelante, en los lindes del parque de Thisio y cerca de la estación de metro de Thisio, aparece ese plantel de puestos de joyería artesanal y de recuerdos monísimos. Es un buen momento para apoyar a los artesanos locales.

④ Vistas desde una calle peatonal

Toca retroceder hasta **Iraklidon,** un paseo tranquilo y arbolado entre las calles residenciales de Thisio. Es un lugar fantástico para un café, almuerzo o copa, con su nidada de buenos restaurantes y cafés (p. 153), frecuentados por los vecinos del barrio.

⑤ Darse un descanso en Petralona

Se camina varias manzanas por Dimofontos, desde Thisio hasta **Petralona** (p. 152). Por el camino se podría parar en la Galería Eleni Koroneou o seguir hasta los cafés, restaurantes y cervecerías que empiezan en Valitsa. Si no se ha comido aún, se recomiendan estos restaurantes (p. 153), todos ellos asequibles y deliciosos.

⑥ Calles de pueblo

Que nadie se pierda lo que parece un pueblecito en medio de Atenas. Hay que subir unas manzanas por la calle Pallineon y después ir al norte por Timodimou hasta las calles que se abren desde **Navarchou Voulgari** (p. 152). Para finalizar el paseo, se podría dar una vuelta por estas antiguas y ordenadas casas de obreros de mediados del s. xx, entre jardineras y buganvillas.

EXPERIENCIAS

Asistir a un espectáculo de danza tradicional DANZA

PLANO: **1** P. 144 **D4**

Entre finales de mayo y septiembre, una de las mejores razones para subir a la colina de Filopapo es asistir a los espectáculos del **Teatro de Danza Dora Stratou** (*grdance.org; adultos/niños 20/ 10 €*). Esta alabada compañía de bailarines, cantantes y músicos pone en escena danzas griegas clásicas, luciendo la rica variedad de indumentaria regional y de tradiciones musicales. El teatro al aire libre está en el lado occidental de la colina.

Relajarse en la colina de Pnyx COLINA NATURAL

PLANO: **2** P. 144 **E3**

Al norte de la colina de Filopapo, la **colina de Pnyx** era donde se reunía oficialmente la Asamblea democrática en el s. v a.C. –la cuna de la democracia–. Se puede ver el podio escalonado donde grandes oradores como Arístides, Demós-tenes, Pericles y Temístocles se dirigían a los congregados. Últimamente los políticos la utilizan para hacerse las fotos de rigor. La colina suele estar vacía, salvo por los pájaros, así que se puede disfrutar de 1 o 2 h de tranquilidad contemplando las escaleras delanteras de la Acrópolis y constatar así la importancia de los templos en la vida de la antigua Atenas.

Contemplar las estrellas desde un observatorio cimero OBSERVATORIO

Hay que planear con tiempo la visita al **Observatorio Nacional de Atenas** (PLANO: **3** P. 144 **D2**; *noa.gr*) en la **colina de las Ninfas** (PLANO: **4** P. 144 **D2**). Se ofrecen circuitos en diferentes idiomas, pero hay que consultar la web para los días exactos, que varían cada mes –u optar por una sesión nocturna para observar las estrellas–.

El gran edificio de mármol del complejo fue proyectado por Theophil Hansen, el mismo arqui-

---

 PISÍSTRATO EL TIRANO

Las primeras semillas de la democracia ateniense se plantaron cuando Solón se convirtió en arconte (magistrado principal) en el año 594 a.C. y mejoró la calidad de vida de los pobres al perdonarles las deudas e implantó los juicios con jurado. Las reformas provocaron malestar y, con la excusa de restaurar la estabilidad, Pisístrato, jefe del ejército, tomó el poder en el 560 a.C. Se concentró en el poderío de Atenas y para ello creó una armada formidable y amplió el ámbito de influencia de la ciudad. Comenzó las obras del descomunal **templo de Zeus Olímpico** (p. 114), construyó un enorme acueducto e inauguró el Festival de las Grandes Dionisiacas, precursor del drama ático.

tecto de la Academia de Atenas y la Biblioteca Nacional. El edificio cupulado más pequeño alberga el telescopio Doridis, de 1902. Se puede subir a pie por la colina de Filopapo o acceder directamente desde Thisio.

Echar un vistazo a la iglesia de Agia Marina Thission
IGLESIA

PLANO: **5** P. 144 **E2**

Con franjas a lo pastel de bodas y cúpulas con tejas rojas, esta **iglesia** de 1931 se encarama en la ladera noroccidental de la colina de las Ninfas. Sus murales, con ecos *art nouveau,* son preciosos. Atención especial merece la diminuta capilla, en el ángulo sureste, excavada en la piedra y del s. XI o XII, que fue escenario desde muy antiguo de rituales de sanación y fertilidad.

Sumergirse en la relajada cultura cafetera
CAFETERÍAS

Thisio es uno de los mejores barrios de Atenas para un café tranquilo o una copa vespertina, a menudo con la Acrópolis a la vista, sobre todo por Iraklidon. Lejos del bullicio turístico destaca **Ubuntu** (PLANO: **6** P. 144 **C1**; *@ubuntu_thiseio*), con camareros simpáticos, café fuerte y bollería deliciosa, o al doblar la esquina, el espacioso y acogedor **Spook** (PLANO: **7** P. 144 **C1**; *@spookcafebar*) para un café igual de rico, un almuerzo ligero y comidas ¿Qué se echa de menos al gatito de casa? Se puede pasar por el **Cat Cafe** (PLANO: **8** P. 144 **C1**; *cat*

cafe.gr) y estar un rato con un sustituto. Al sur, el retro **6** (PLANO: **9** P. 144 **C1**; *facebook.com/6cafebistro*) es uno de esos cafés-bares donde se pasa con facilidad del café y los desayunos a los cócteles y las tapas.

Celebrar la tecnología antigua
MUSEO

Hay que procurar visitar el **Museo Herakleidon** *(herakleidon-gr.org; adultos/niños 6 €/gratis),* repartido en dos edificios en Thisio, para descubrir una visión única de la interrelación entre arte, matemáticas y filosofía. Programa exposiciones temporales sobre temas diversos como la antigua tecnología robótica y computacional, y la construcción naval. Además, alberga una de las mayores colecciones del mundo de obras de M. C. Escher (aunque no siempre están a la vista).

En una mansión restaurada, el **edificio A** (PLANO: **10** P. 144 **D1**) cuenta con una exposición fascinante sobre autómatas, incluida una sirvienta en movimiento. Al doblar la esquina, el **edificio B** (PLANO: **11** P. 144 **E1**), más grande, expone armas de guerra, también trirremes, las embarcaciones que permitieron a los griegos derrotar a los persas en la batalla de Salamina.

Descubrir los títeres tradicionales y una escena callejera
MUSEO GRATUITO

PLANO: **12** P. 144 **C1**

A cualquiera que le gusten los tradicionales *karagiozi* (títeres de teatro de sombras), le va a encantar este museo gratuito en una antigua fábrica de sombreros –hoy el **Centro Cultural Melina Mercouri** (*cultureisathens.gr*)–. Hay muchas creaciones del maestro titiritero Haridimos (Sotiris Haritos). En el piso de arriba se pueden ver los escaparates de un cajista, un estudio de fotografía, un barbero y otros elementos de una calle de la "vieja Atenas".

Se puede llamar antes *(210 345 2150)* por si hay algún espectáculo de títeres; suelen ser los domingos a las 11.00.

Disfrutar del plácido Petralona   BARRIO

Al oeste de la colina de Filopapo, aguarda el bonito barrio de Petralona con su efervescente vida social en tranquilas calles residenciales. Sin embargo, antes de ir a los cafés o restaurantes, se podría pasar un rato en Ano Petralona, la zona alta del barrio que es como un pequeño pueblo en el corazón de Atenas, cuyo centro es Kallisthenous, en torno a Aristragora y que se abre desde **Navarchou Voulgari** (PLANO: ⓭ P.144 C3). La calle está flanqueada por casitas de piedra, construidas a mediados del s. xx como viviendas para trabajadores por el arquitecto Dimitris Pikionis, que también trazó los caminos en la colina de Filopapo.

Los restaurantes más cercanos que están mejor son, entre otros, **Valitsa** (PLANO: ⓮ P.144 C3; *@valitsa 80*), con excelente cocina griega casera entre las valijas que le dan nombre. Otro que está muy bien es **Pame Paragka** (PLANO: ⓯ P.144 C3; *@pameparagka*). También puede tomarse una cerveza artesana en la cervecería **Slow Down** (ver dcha.; *slowdownbrewing.gr*), y hacer lo que dicen (desacelerar, *slow down* en inglés).

Escoger entre las vistas de la Acrópolis y los cines clásicos   CINES AL AIRE LIBRE

Como pasa en todos los barrios de Atenas, Thisio y Petralona tienen sus propios cines al aire libre. **Thision** (PLANO: ⓰ P.144 E2; *cine-thisio. gr; entradas 7-9 €*) está frente a la Acrópolis. Es un bonito cine como los de antes, en un jardín. Hay que sentarse en la parte de atrás para ver el resplandeciente edificio. De lunes a miércoles la entrada es más económica.

En Petralona, **Zefyros** (PLANO: ⓱ P.144 C3; *entradas 7 €*) es el cine al aire libre de los cinéfilos, con películas internacionales poco conocidas (a veces con la colocación complicada de subtítulos) y clásicos en blanco y negro. Consultar la programación en su página de Facebook o llamar a 210 346 2677.

Lo mejor para...

€ Económico €€ Medio €€€ Alto

Comer

Los elegidos de Thisio

Merceri €€

18 D1

Cocina creativa que elabora delicadas combinaciones como el tartar de atún con miel, anís y jengibre. *18.00-24.00 mi-lu*

To Kousoula €

19 D1

Platillos de excelencias caseras en un informal restaurante. *9.00-1.00*

Agape €

véase **18** D1

Divertido bar de vinos que también sirve deliciosa comida –de tortillas a lomo de cerdo– y café. *9.00-2.00*

Fakides €

20 D1

Alegre bar que sirve consistentes *pizzas* caseras. *9.30-24.00*

Cafés y panaderías de Thisio

Acropol Vintage €

21 E1

Personal atento y noches musicales puntuales en un lugar destacado del paseo. *9.00-2.00*

Artopolion €

véase **18** D1

Pasteles, sándwiches y *kombucha* o café en esta panadería. *7.00-21.00 lu-vi, desde 8.00 sa, 9.00-17.00 do*

Los elegidos de Petralona

Lemonanthos €

22 C3

Uno de los restaurantes griegos excelentes y asequibles (ver izda.) en un radio de pocas manzanas. *12.00-1.00*

Beber

Bares de Thisio

Φ Bar

23 D1

Acomodarse con un cóctel o una cerveza de barril en este relajado tramo de la peatonal Iraklidon. *12.00-24.00*

Smoking Barrels

24 D1

Dejar que los cocteleros y los puntuales DJ le sorprendan a uno en las mesas de delante o en el patio. *18.00-1.00 ma-ju y do, hasta 3.30 vi y sa*

Locales de Petralona

Slow Down

25 C3

Cervecería con cervezas artesanas de grifo, desde *saison* a *stout*. *18.00-1.00 o 2.00 mi-do*

Comprar

Arte y moda

Bernier/Eliades

26 D1

Galería que expone la obra de destacados artistas griegos y foráneos. *11.00-18.30 ma-vi, 12.00-16.00 sa*

Yi Ceramics

27 A2

Taller y tienda de cerámica de Petralona con preciosas piezas hechas a mano. *Horario variable*

OR Handmade

véase **7** C1

Vende ropa femenina moderna y a buen precio; cada pieza es una edición limitada. *17.00-20.30 ma, mi y vi, 11.00-15.00 ju y sa*

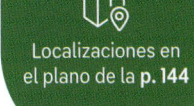

Localizaciones en el plano de la **p. 144**

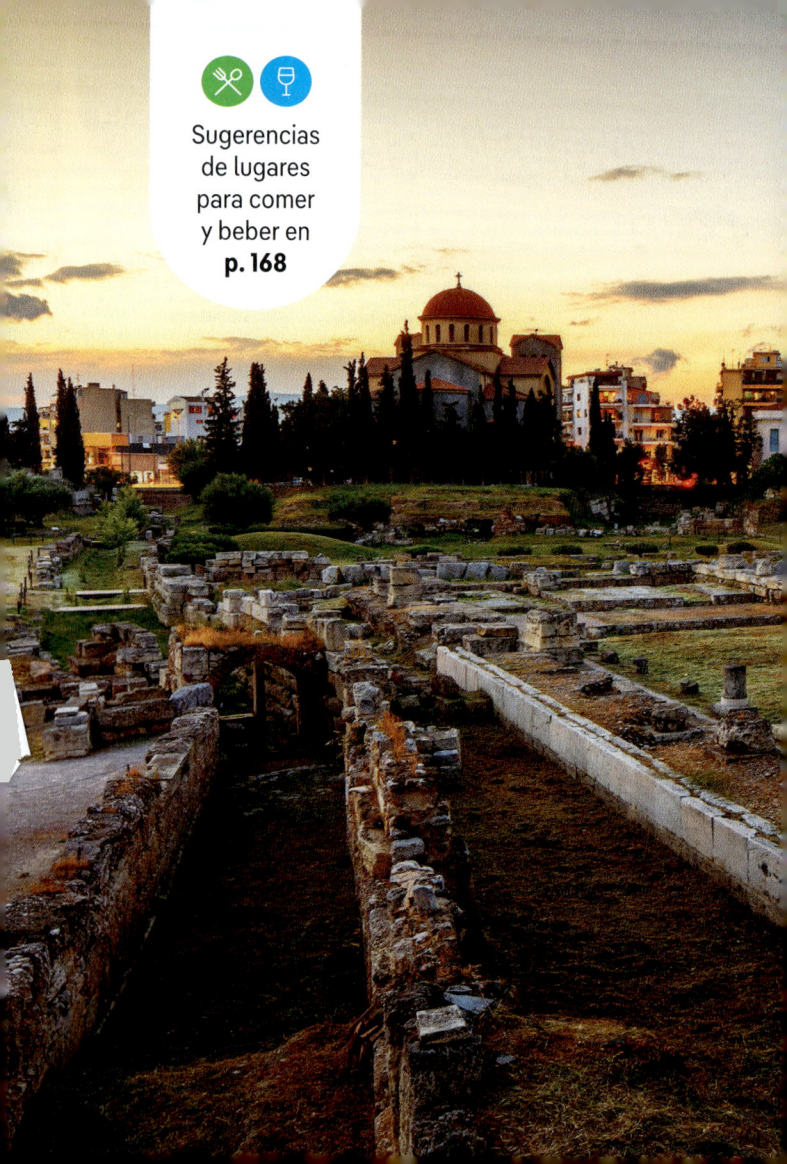

Sugerencias
de lugares
para comer
y beber en
p. 168

Explora
Keramikos, Gazi y Metaxourgio

Uno de los barrios más antiguos de Atenas toma su nombre de los *kerameis* (ceramistas) que se asentaron en las orillas arcillosas del río Erídano en el año 3000 a.C. (aprox.). Hoy Keramikos es más conocido por su antiguo cementerio. Gazi tiene una historia más actual y urbana: una zona fabril resucitada por artistas y dueños de bares. Una década después la transformación ha pasado a Metaxourgio, donde no paran de abrirse nuevos locales *hipster*. Gazi y Metaxourgio son básicamente zonas de ocio nocturno, con muchos locales LGTBI-*friendly*. Y de día es un buen sitio para ver arte urbano del bueno.

Cómo desplazarse

 Metro
La estación Kerameikos (línea azul) está en el centro de Gazi. Para ir al yacimiento de Kerameikos: estación Thisio (línea verde). Para Metaxourgio, mejor andar un poco más desde Kerameikos u Omonia (sin apartarse de la calle Pireos) que ir desde la estación Metaxourghiou, porque la ruta hasta Plateia Avdi atraviesa zonas sórdidas.

 Taxi
Los taxis esperan en el centro de Gazi, o se puede llamar uno con una *app* (p. 28).

 A pie
No es aconsejable moverse por Metaxourgio por la noche. Evitar las callejas del este de Plateia Avdi, donde hay droga y prostitución.

Kerameikos (p. 158).
MILANGONDA/GETTY IMAGES ©

LO MEJOR

CEMENTERIO ANTIGUO
Kerameikos (p. 158)

SALIR DE FIESTA
Gazi (p. 163)

ARTE CONTEMPORÁNEO
Museo Benaki en Pireos 138 (p. 165)

ESPECTÁCULOS ALTERNATIVOS
Treno sto Rouf (p. 167)

DÍA EN EL 'SPA'
Hammam (p. 164)

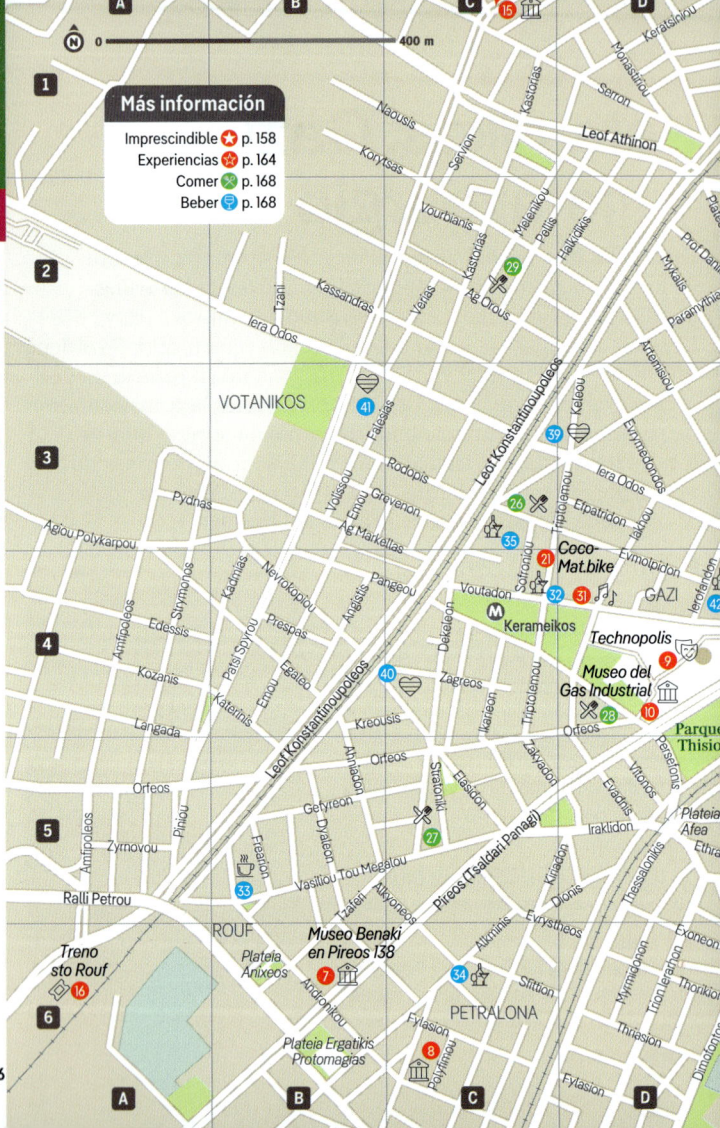

Más información

Imprescindible ⭐ p. 158
Experiencias ⭐ p. 164
Comer ✕ p. 168
Beber 🍷 p. 168

0 ⟩─────────── 400 m

VOTANIKOS

GAZI

Kerameikos

Coco-Mat.bike

Technopolis

Museo del Gas Industrial

Parque Thisio

PETRALONA

Treno sto Rouf

ROUF

Plateia Anixeos

Museo Benaki en Pireos 138

Plateia Ergatikis Protomagias

Plateia Ramnes

Plateia Karaïskaki

Metaxourghio

The Breeder

One Minute Space (OMS)

Rebecca Camhi Gallery

OMONIA

KERAMIKOS

METAXOURGIO

Mural Praying Hands

The Kiss

Plateia Avdi

PSIRI

Galería de Arte Municipal de Atenas

Museo de Arte Islámico

Puerta de Dípilon

Hammam

Puerta Sagrada

Kerameikos

Plateia Agion Asomaton

Museo Arqueológico de Kerameikos

Thissio

Mercadillo de Monastiraki

THISIO

Estoa de Atalo

PLAKA

ACRÓPOLIS

Kerameikos

Menos visitado que otras ruinas antiguas de Atenas, el verde y plácido yacimiento de Kerameikos se usó como cementerio del año 1200 a.C. al s. VI d.C. Vale la pena desplazarse hasta aquí para ver las inscripciones talladas en las lápidas y las inestimables esculturas que evocan la vida en la Antigüedad.

PLANO: P. 156 **E4**

CONSEJO
La entrada está incluida en el acceso combinado a la Acrópolis, de venta en los lugares de la ciudad que están incluidos, o en hhticket.gr.

Escanea este código QR para horarios y demás información.

Museo Arqueológico de Kerameikos

Al entrar, no hay que saltarse este pequeño aunque excelente museo, que alberga notables estelas (lápidas) y esculturas de mármol del yacimiento talladas con vívidos retratos y escenas familiares. Conviene buscar el asombroso toro de mármol del s. IV a.C. de la parcela funeraria de Dioniso de Colito, pero también las ofrendas funerarias y los juguetes antiguos. Fuera está la estatua de un perro de montaña a tamaño natural.

En el yacimiento propiamente dicho, uno debe dirigirse hacia una pequeña loma que hay enfrente y a la derecha, donde se encuentra un mapa del camposanto.

Puerta Sagrada

Se pueden ver los vestigios de la muralla de la ciudad construida por Temístocles en el año 479 a.C., que queda interrumpida por los cimientos de dos puertas, con carteles informativos. Por la Puerta Sagrada entraban los peregrinos a la ciudad durante la procesión anual de los Misterios Eleusinos. La puerta señalaba el final de la Vía Sacra, o Iera Odos, que aún sigue una ruta hacia el oeste hasta Eleusis (Elefsina).

KIRK FISHER/SHUTTERSTOCK ©

Puerta de Dípilon

Al noreste, la otrora colosal Puerta de Dípilon era la entrada principal a la ciudad y donde empezaba la procesión de las Panateneas. Delante de la puerta hay una plataforma donde Pericles pronunció su famoso discurso ensalzando las virtudes de Atenas y honrando a los caídos en el primer año de la guerra del Peloponeso. La puerta también era donde las prostitutas se congregaban para ofrecer sus servicios a los viajeros.

Entre las dos puertas están los cimientos del **Pompeion,** una especie de camerino para los participantes en la procesión de las Panateneas.

La festividad de las Grandes Panateneas

El mayor acontecimiento de la antigua Grecia fue la procesión de las Panateneas, el clímax de la festividad de las Panateneas en honor a la diosa Atenea. En el friso de 160 m del Partenón

UNA PAUSA
No hay ningún café ni tienda cerca; llevar agua o una botella para rellenar con agua del grifo que hay junto al museo. Para un refresco están los cafés-restaurantes de Gazi, p. ej. **Kanella** (p. 168).

WESTEND61/GETTY IMAGES ©

ORÍGENES RIBEREÑOS

El yacimiento, que se descubrió 1861 cuando se construía la calle Pireos, debe su nombre a los ceramistas que poblaron las orillas entonces arcillosas del río Erídano, en el año 3000 a.C.

en el Museo de la Acrópolis (p. 46) se verán escenas representadas de esta procesión.

Los certámenes

En realidad había dos festividades: una anual y bastante tranquila para recordar el día que nació Atenea, en julio aprox., y otra más grande cada cuatro años. Esta, conocida como Grandes Panateneas, empezaba con bailes, seguidos de certámenes deportivos, teatrales y musicales. A partir del s. IV a.C., el estadio Panatenaico (p. 119) acogió muchos acontecimientos atléticos, como un pentatlón (carrera pedestre, lanzamiento de disco y de jabalina, salto de longitud y lucha), carreras de cuadrigas y el combate de lucha libre llamado pancracio.

Los ganadores recibían como premio ánforas de cerámica con aceite de los olivos sagrados de Atenas; algunos se exponen en el Museo Arqueológico Nacional (p. 128).

La procesión de las Panateneas

El último día del festival, esta procesión salía de la puerta de Dípilon en Kerameikos, encabezada por hombres que portaban animales sacrificados a Atenea, a quienes seguían doncellas con ritones (vasos corniformes) y músicos que tocaban mientras las muchachas de noble cuna sostenían en alto los peplos sagrados (preciosas túnicas de color azafrán); durante el año anterior, estas jóvenes escogidas habían tenido el gran honor de tejer dichos peplos para el festival.

La procesión marchaba por la Vía Panatenaica desde Kerameikos, atravesaba el Ágora antigua (p. 62) y terminaba en la Acrópolis (p. 40). No todo el mundo podía entrar a la Acrópolis, pero durante el gran final del festival, las pocas agraciadas acababan colocando los peplos en la estatua de Atenea Polias en el Erecteion.

Calle de las Tumbas

Desde la Vía Sacra, a la izquierda según se sale de la ciudad, se halla esta avenida (foto p. 159) reservada a las tumbas de la élite de Atenas; los ciudadanos de a pie recibían sepultura en las inmediaciones. Las estelas que han sobrevivido se exponen en el museo del yacimiento y en el Museo Arqueológico Nacional (p. 128). Las que se ven aquí son réplicas en su mayoría, pero aun así conviene fijarse en sus conmovedores detalles.

ALINEARSE
En medio del yacimiento, hay que buscar la alineación con Iera Odos, la calle grande que hay más allá de la verja y va al noroeste, porque ayudará a visualizar las puertas y otras construcciones del final de esta vía histórica.

CIRCUITO A PIE

Paseo por Keramikos, Gazi y Metaxourgio

Las altas chimeneas de la fábrica de gas de Gazi resplandecen como faros rojos para la gente que sale de fiesta. Más allá hay calles llenas de restaurantes y bares, y el espíritu alternativo reina en las zonas de Keramikos y Metaxourgio, aunque se desaconseja deambular a solas de noche por las manzanas abandonadas.

INICIO	FINAL	DURACIÓN
Plateia Avdi, Metaxourgio	Elvis, Keramikos	1,8 km; 1 h

① De entrada, qué tal un cóctel en la plaza

Se empieza la noche en Plateia Avdi, en un café-bar que mole como **Blue Parrot** (p. 169). Es el lugar perfecto para observar a la gente, bajo el mural **'The Kiss'** (p. 166).

② Cena en las islas

Al otro lado de la plaza, **Seychelles** (p. 168) se llena en verano por la noche. De no haber hecho reserva, se aconseja ir antes de las 21.00. Consultar la carta del día escrita a mano y de cocina griega, o preguntar a los chefs tatuados de la cocina abierta, si no están muy ocupados. Su nombre es un guiño al anterior negocio que había aquí: la cafetería Bahamas.

③ Zona de bares bohemios

Después de cenar, toca andar cinco manzanas hasta Keramikos, al sureste, con los ojos bien abiertos cuando se pase por las manzanas más sórdidas, hasta la peatonal **Salaminos,** con bares como **Alphaville** (p. 169), todos con una buena mezcla de música, bebidas a buen precio y mucho *kefi* (ambiente de fiesta).

④ Gazi gay

Gazi es la mayor zona LGTBIQ+ de Atenas. Una de las discotecas más nuevas, **BeQueer** (p. 169), es divertidísima y acoge a todo el mundo. Para encontrarla, hay que caminar desde Salaminos unas seis manzanas por Megalou Alexandrou y después torcer por Keleou.

⑤ Cócteles y vistas en el centro de Gazi

Se camina dos manzanas al sur por Triptolemou hasta la plaza central de Gazi. Quien ya esté cansado, aquí puede tomar el metro. Pero quien aún tenga mecha para rato puede escoger entre locales como **MoMix** (p. 169), que sirve excelentes cócteles, o acercarse a la sala de conciertos **Gazarte** (p. 168), a una manzana, que también tiene un bar de azotea con vistas a la Acrópolis.

⑥ 'Jazz'

De querer más música, se puede consultar la programación del acogedor **Afrikana** (p. 169), una casita remodelada con un escenario trasero donde tocan formaciones de *jazz* y bandas africanas. Está tres manzanas al este y la entrada simbólica suele incluir una bebida. Cierra en agosto.

⑦ Picoteo de madrugada

No se puede salir de noche en Atenas sin rematarla con un *souvlaki*. Hay que cruzar Iera Odos y seguir por la calle Karamikou para llegar a **Elvis** (p. 168), que está muy de moda. Cierra más tarde que los bares y la jarana es casi la misma.

Ver los resplandecientes tesoros islámicos · MUSEO

PLANO: **1** P. 157 **F4**

Hay que visitar el no muy grande **Museo de Arte Islámico** *(benaki. org; adultos/niños 9 €/gratis),* unas dependencias del Benaki, por su notable colección: tejidos, joyas, porcelanas y demás artes decorativos expuestos en cuatro plantas de dos mansiones vecinas. Incluso hay un vestíbulo con suelos de mármol de una mansión de El Cairo del s. XVII. En el sótano puede verse un tramo de la muralla de Temístocles y una tumba antigua descubiertas bajo los edificios. La **cafetería** de la azotea, con vistas de Kerameikos, está decorada con el colorido *Imagínate una palmera* de Narvine G. Khan-Dossos.

Disfrutar de un baño turco · HAMMAM

La marmórea **Hammam** (PLANO: **2** P. 157 **G4**; *hammam.gr; desde 30 €*), aunque pequeña, es la mejor casa de baños turca del centro de Atenas, con piscinas bastante grandes, y té caliente y delicias turcas en el salón. De querer una exfoliación corporal hay que reservarla antes. En Plaka, los **Baños Al Hammam** (PLANO: **3** P. 157 **H6**; *alhammam.gr; desde 30 €*) también son pequeños, pero con una bella decoración de mármol, azulejos y arañas de colores que crean una atmósfera otomana de otra época. Después del baño a vapor y exfoliación, se puede beber un té en la terraza y embobarse con la Acrópolis.

Curiosear cerámicas tradicionales · MUSEO DE CERÁMICA

PLANO: **4** P. 157 **F4**

Si el yacimiento de **Kerameikos** (p. 158), el lugar del que sacaban la arcilla los ceramistas, despierta la curiosidad, se puede visitar el pequeño **Museo de Cerámica Tradicional** *(potterymuseum. gr; gratis)* al doblar la esquina. En este edificio neoclásico se expone cerámica griega (relativamente) contemporánea: una selección de la colección de más de 4500 piezas

 LA ATENAS OTOMANA

Los otomanos gobernaron en Atenas de 1458 hasta la independencia de Grecia en 1821. La Acrópolis se convirtió en la residencia del gobernador otomano, el Partenón en una mezquita y el Erecteion en un harén. No quedan muchos edificios de esta época, pero uno de ellos es la **mezquita de Tzistarakis,** que preside Plateia Monastirakiou desde 1759. Ahora acoge unas dependencias del **Museo de Arte Popular Griego** (PLANO: P.60 **E5**; *mnep.gr*) pero no suele estar abierto. A la vuelta de la esquina, en el **Ágora romana** (p. 68) está la mezquita Fetiye del s. XVII (hoy un espacio expositivo). La **torre de los Vientos** (p. 68) la utilizaron los derviches turcos como *tekke* (lugar de culto sufí).

del museo. Además cuenta con un taller tradicional de cerámica reconstruido. También programa exposiciones temporales y tiene una tienda de cerámica. Cierra en agosto.

Visitar sinagogas y monumentos conmemorativos de la guerra SINAGOGAS Y II GUERRA MUNDIAL

Si se organiza con tiempo se puede visitar con un guía la diminuta **sinagoga Ets Hayim** (PLANO: ❺ P. 157 **F4**; *athjcom.gr*), de 1904, y, al cruzar la calle, la **sinagoga Beth Shalom** (PLANO: ❻ P. 157 **G4**), de 1935 y más grande. Se precisa cita previa: hay que enviar un email con una fotocopia del pasaporte a visits@athjcom.gr.

Delante de Beth Shalom se halla el **libro de metal en recuerdo a los Justos Gentiles,** los griegos que ayudaron a salvar judíos durante la ocupación alemana en la II Guerra Mundial. Cerca está el **monumento en recuerdo del Holocausto,** a la sombra de los árboles al lado de Keramikos. Es una gran Estrella de David despuntada y de mármol, obra de la artista griega-estadounidense DeAnna Maganias. Entre el 83 y el 91% de los judíos griegos fueron asesinados durante la II Guerra Mundial.

Descubrir exposiciones temporales y una pasamanería MUSEO DE ARTE CONTEMPORÁNEO

Aunque haya que caminar un poco, el **Museo Benaki en Pireos**

138 (PLANO: ❼ P. 156 **B6**; *benaki.org; exposiciones adultos/niños 5-16 €/gratis*) compensa porque apuesta por lo contemporáneo y lo original. En el interior del edificio de color salmón hay un gran mosaico del artista griego Tsarouchis. Solo se programan exposiciones temporales, pero suelen ser excelentes. Se puede tomar algo en su café, y comprar originales objetos de regalo, como los artículos hechos en **Mentis-Antonopoulos ('Nema') Passementerie** (PLANO: ❽ P. 156 **C6**; *entrada gratis*), un tradicional fabricante de cintas, galones y borlas que se puede visitar en la cercana Polyfemou.

Explorar una fábrica de gas regenerada COMPLEJO FABRIL

Gazi toma su nombre de la fábrica de gas del s. XIX donde se transformaba carbón en gas entre 1862 y 1984. El complejo **Technopolis** (PLANO: ❾ P. 156 **D4**; *technopolis-athens.com*) de chimeneas de ladrillo, calderas y tanques de almacenamiento ha sido restaurado y regenerado. Se puede asistir a algún evento –exposiciones, conciertos y festivales– o emprender una ruta autoguiada por el así llamado **Museo del Gas Industrial** (PLANO: ❿ P. 156 **D4**; *gasmuseum.gr; entrada 2 €*). Las calderas que se conservan parecen gigantescas instalaciones de arte. Las fotografías y los dispositivos interactivos ayudan a concebir cómo era la fábrica en sus días de actividad. Otra opción es reservar (llamando al 213 010 9325) una **visita guiada** de 50 min *(adultos/niños 4/1 €)*. Hay que subir a la torre del edificio New Watergas para disfrutar de las vistas. Y hacer un descanso en su **café** y **parque infantil.**

Disfrutar del arte urbano y de la comida callejera

MURALES Y FERIA GASTRONÓMICA

En Atenas, el arte urbano es increíble, con obras monumentales en Keramikos, Gazi, Metaxourgio, Psiri y Exarchia (p. 135). Conviene localizar los murales monocromos con salpicaduras azules de INO, un famoso artista urbano griego quien, como Banksy, prefiere mantener su anonimato. En el **Old OSY Depot** (PLANO: **11** P. 157 **E4**), pero en la acera de Pireos, INO rinde homenaje a Leonardo da Vinci: atención a ese manifestante y policía reflejados en los ojos de la Mona Lisa. Cada mes de mayo, las antiguas cocheras se transforman en una gigantesca zona de restauración: se celebra el popular **Athens Street Food Festival** (PLANO: **12** P. 157 **E4**; *athensstreet foodfestival.gr*).

'The Kiss' (PLANO: **13** P. 157 **F2**) es un mural de 22 m de altura del artista cretense Ilias Papailiakis, que da a Plateia Avdi, y **'Praying Hands'** (PLANO: **14** P. 157 **H2**), en Pireos hacia Omonia, es un mural inspirado en un dibujo de Alberto Durero. Para un **taller y circuito por el arte urbano,** contactar con **Awesome Athens Experiences** *(awesome -athens-experiences.com).*

Desvelar los aspectos ocultos de la filosofía de Platón

FILOSOFÍA EN EL MUSEO

PLANO: **15** P. 156 **C1**

En el año 387 a.C. Platón fundó su Academia –el primer instituto de enseñanza superior de Europa– cerca de donde hoy está el pequeño pero fascinante **Museo Digital de la Academia de Platón** *(acade mia.gr; entrada gratis),* 2 km al norte de Gazi.

Platón (427-347 a.C.) fue el alumno estelar de Sócrates (p. 146), y dejó constancia del pensamiento de su maestro en libros como *El banquete*. Platón escribió *La República* para advertir a Atenas de que, si sus ciudadanos no respetaban la ley y a sus dirigentes, y si no se educaba a su juventud, la ciudad estaría condenada. Instruyó a Aristóteles quien tenía su escuela en Atenas, el Liceo de Aristóteles (p. 105).

El Museo Digital de la Academia de Platón ocupa unos contenedores artísticamente transformados donde se pueden conocer las ideas del gran filósofo y su vida viajera por el Mediterráneo. Hay que sentarse en la cueva para entender mejor una de las parábolas más conocidas de Platón. Después se puede dar una vuelta por el parque para ver las ruinas de la Academia.

Subir a un tren para pasar un buen rato

RESTAURANTE Y TEATRO

PLANO: **16** P. 156 **A6**

El *Orient Express* nunca pasó por Atenas, pero curiosamente hay uno de sus vagones Pullman en una vía muerta en **Rouf,** a 10 min a pie al sur de Gazi. Aquí se junta con otros vagones para formar un innovador centro cultural, **Treno sto Rouf** (*totrenostorouf.gr):* un vagón-teatro, un restaurante y un vagón-bar, y el New Wagon que acoge charlas literarias y propuestas artísticas. Aunque no haya actos programados, el lugar mola mucho para tomar algo en las mesas del andén de la estación. Cierra en aosto.

Espacios expositivos épicos y avanzados

FÁBRICA DE TABACO Y GALERÍAS
Esta enorme manzana de Kolonus, catalogada como monumento histórico, es un edificio de la década de 1920 que ocupaba la estatal **Fábrica de Tabaco Lenorman** (PLANO: **17** P. 157 FI). Hoy una parte acoge los departamentos del Parlamento helénico. Se pueden visitar sus amplios espacios de la planta baja, incluido un patio de 1000 m² bajo un tejado de cristal, donde **NEON** (*neon.org.gr*) monta instalaciones de arte. Esta fundación sin ánimo de lucro monta *site-specific exhibitions* (exposiciones para un momento y ubicación específicos) de arte contemporáneo, gratis, en toda Atenas. Consultar la web para ver qué organizan y reservar las entradas (se piden a menudo, aunque sea gratis).

Más cerca del centro, en Metaxourgio, se puede llamar al timbre para entrar a **The Breeder** (PLANO: **18** P. 157 FI; *thebreedersystem.com*), galería de arte muy de moda en una nave que exhibe toda suerte de obras en dos niveles. **Rebecca Camhi Gallery** (PLANO: **19** P. 157 G2; *rebeccacamhi.com*) y **One Minute Space** (PLANO: **20** P. 157 EI; OMS; *one-minute-space.org*) también apuestan por el arte contemporáneo transgresor.

Ir en bicicleta hasta el mar y Flisvos Marina   CICLISMO

Con sus colinas, su tráfico y sus insuficientes carriles-bici, Atenas no es la mejor ciudad para circular en bicicleta, pero si apetece pedalear lo mejor sería ceñirse a la ruta de 7,5 km de carriles-bici (en su mayoría) que conecta Technopolis (en Gazi) con Faliro por los barrios de Petralona, Tavros, Kallithea y Moschato.

Ya en la costa, lo seguro y fácil para ir en bici es el **Centro Cultural de la Fundación Stavros Niarchos** (SNFCC; p. 21), que también dispone de bicicletas básicas. Del parque del centro cultural sale un carril-bici hasta Flisvos Marina (*flisvosmarina.com*) y sigue hacia el sur por la costa hasta el **parque Flisvos** (p. 171) y la playa en **Edem** (*edemrestaurant.gr*). Además hay otro de 13,5 km en obras que comunicará Kallithea con Voula. Muchos establecimientos, como **COCOMat.bike** (PLANO: **21** P. 156 C4; *coco-mat.bike*, desde 15 €/3 h), alquilan bicicletas (p. 16).

Lo mejor para...

€ Económico   €€ Medio   €€€ Alto

Comer

Elegidos de Keramikos y Metaxourgio

CTC Urban Gastronomy €€€

22 E3

Un caro menú degustación del chef con estrella Michelin Alexandros Tsiotinis en un patio románticamente iluminado. *19.30-24.00 ma-sa*

Aleria €€€

23 F2

Restaurante contemporáneo en una mansión restaurada de Metaxourgio que prepara platos imaginativos. También restaurante vegetariano de altos vuelos. *19.00-24.00 lu-sa*

Seychelles €€

24 F2

Se ve cómo el equipo de la cocina saltea pasta en una sartén, prepara ensaladas y brasea calamares. Ir pronto o reservar. *15.30-24.00 lu-ju, desde 14.00 vi-do*

Elvis €

25 E3

Abarrotado garito de *souvlaki* en Metaxourgio que abre hasta tarde. Las brochetas se sirven con pan y patatas fritas. *12.00-2.00*

Consistente comida casera en Gazi

Kanella €€

26 C3

El pan casero, la vajilla retro y el papel de estraza dan carácter a esta taberna moderna. *13.00-24.00 lu-vi, hasta 1.00 sa y do*

Oinomperdemata €

27 C5

Los platos del día sin pretensiones son el sello de este restaurante, p.ej. bacalao frito con salsa de ajo, estofado de cerdo o gallo. *12.00-24.00 lu-sa*

Treis Laloun €

28 D4

Un festival de platos veganos, vegetarianos y sanos se sirve en las mesas de debajo de los árboles, en el centro de Gazi. *10.00-24.00 mi-do*

Localizaciones en el plano de la p. 156

Laika €

29 C2

En los márgenes de Gazi y entre talleres mecánicos, encandila con una carta sencilla de buena relación calidad-precio. *14.00-2.00 ma-do, desde 17.00 lu*

Korova €€

30 E3

Se llena de gente que se toma unas cervezas o cócteles antes de pasar a las excelencias mediterráneas. El mejor ejemplo de comida informal en Keramikos. *10.00-2.00 do-ju, hasta 3.00 vi y sa*

Beber

Elegidos de Gazi y Rouf

Gazarte

31 D4

Complejo de las artes con una programación suculenta: el teatro de la planta baja ofrece música en directo y el restaurante-bar de azotea es una gozada en las noches cálidas. *Horario variable; ago cerrado*

MoMix
 C4

Aquí se da a los cócteles un tratamiento molecular y llegan a la mesa efervescentes o humeantes. Vistas de Gazi y de la Acrópolis. *10.00-24.00*

Beaver
 B5

Café-cooperativa llevado por mujeres, frecuentado por lesbianas aunque todo el mundo es bienvenido. Excelente el *brunch* de los domingos. *13.30-2.00 do-ju, hasta 3.00 vi y sa*

Upupa Epops
 C6

Al sur de Gazi, tiene un patio lleno de plantas y muebles *vintage*. Ideal para un café, un *brunch* o unos cócteles. *10.00-2.00 do-ju, hasta 3.00 vi y sa*

A Liar Man
 C3

Mosaicos de colores y un ambiente tranquilo convierten este escondite en una calleja de Gazi en un antídoto a los escandalosos bares cercanos. *18.00-2.00 do-ju, hasta 3.30 vi y sa*

Lugares de moda en Keramikos y Metaxourgio

Alphaville
 E2

El corazón de los bares bohemios de Keramikos en la peatonal Salaminos. Se puede empezar aquí la ruta de bares. *12.00-1.30 do-ju, hasta 2.00 vi y sa*

Blue Parrot
 F2

El mejor local en Plateia Avdi en Metaxourgio gracias a su vegetación colgante y su ambiente distendido. *9.00-2.00 do-ju, hasta 3.00 vi y sa*

Latraac
 E3

Un *bowl* de *skate* de madera ocupa la mitad de un solar; y el café con bancos a la sombra, la otra mitad. *18.00-3.00 ma-ju y do, hasta 4.00 vi y sa*

Vida nocturna LGTBI

Fiestas móviles
Que nadie se pierda la *queer rave* **Purple Night,** de *techno, house* y disco, o **Qreclaim, Slam** y **Stripped Unicorns.** Consultar la agenda en Resident Advisor *(ra.co).*

BeQueer
 C3

Tiene un público más joven y reinonas como

Chraja y Filothei que actúan con regularidad. *24.00-6.00 vi y sa*

Shamone
 C4

Los temazos *dance* reinan en esta discoteca gay donde todo el mundo es bienvenido, con artistas *drag* y un ambiente fabuloso para empezar la noche. *22.30-6.00 vi y sa*

Big
 B3

Epicentro acogedor para la animada oferta de bares de 'osos' de Atenas, algo apartado al noroeste de Gazi. *22.00-3.00 ma-ju y do, hasta 4.00 vi y sa*

Bares con música

Afrikana
 D4

Lejos del barullo de Gazi, este barecito ocupa una casa vieja, y en su pequeño escenario tocan bandas de *jazz* y *funk*. *19.30-1.30 mi-sa; ago cerrado*

Bios
 F3

Local *hipster* de varios pisos en Metaxourgio con un bar de azotea, restaurante, discoteca en el sótano y un pequeño cine con películas de autor. *11.00-2.00 do-ju, hasta 4.00 vi y sa*

Riviera de Atenas

La costa occidental del Ática, la Riviera de Atenas (o costa de Apolo), se extiende 60 km desde El Pireo y Palaio Faliro al gran templo de Poseidón en Sunio. Quien salga de excursión junto al mar se refrescará con la brisa y podrá unirse a las familias atenienses que se relajan en playas, resorts y clubes de playa.

PLANO: P. 172

CONSEJO
El tranvía va de Atenas a Voula, vía Glifada. Para ir a Vouliagmeni y más lejos, hay que hacer transbordo a un autobús. Todo es más fácil si se va en bicicleta.

Salir a las 9.00 y así evitar el tráfico de los fines de semana de verano; sin tráfico, de Glifada a Sunio se tarda 1 h.

El principal puerto de Atenas: El Pireo

El Pireo, el puerto principal de Atenas desde el s. v a.C., es el más grande del Mediterráneo. Los otros dos puertos de Atenas son Lavrio y Rafina. El Pireo es el núcleo de la red de ferris del Egeo y el centro del comercio marítimo de Grecia. A 10 km de Atenas, El Pireo es el comienzo de la Riviera de Atenas.

Para saber más sobre los cientos de barcos que operan en el **puerto de El Pireo** *(olp.gr),* consultar ferryhopper.com o ferries.gr y descargarse la *app* Marine Traffic para ver dónde atraca el barco. Siempre hay que preguntar el muelle del que sale en la agencia que vende los billetes. Véase p. 26 para el tránsito a/desde El Pireo.

Centro Cultural y parque Stavros Niarchos

El enorme ❶ **centro cultural de la Fundación Stavros Niarchos** (snfcc.org) extiende los aleros de su tejado sobre una colina encima de la bahía de Faliro. A los aficionados a la arquitectura les encantará el edificio de Renzo Piano, y a los bibliófilos, la **Biblioteca Nacional de Grecia** *(nlg.gr)* en un ala.

Conviene informarse de los actos culturales junto al gran estanque y de la programación en la **Ópera Nacional de Grecia** *(nationalopera.gr),* que también está aquí.

TONY_PAPAGEORGE/SHUTTERSTOCK ©

Atenas anda escasa de espacios verdes, y el **parque Stavros Niarchos** aporta una verdadera bocanada de aire fresco. En la gran explanada central se imparten clases gratuitas de danza y de gimnasia y se organizan maratones de cine en verano; una red de senderos atraviesa campos de lavanda e hileras de olivos.

También se pueden explorar el parque infantil, un jardín sonoro, un gimnasio al aire libre, una pista de *running* y un café, el **Canal** *(canalcafe. gr)*. O alquilar una bici *(2 €/h; descargarse la* app *SNFCC para usar las estaciones del parque).*

Puerto deportivo y títeres

Se puede entrar al ❷ **Flisvos Marina** *(flisvos marina.com; foto superior)* para ver el histórico barco **'Neraida'** *(gratis; vi-do)* y el crucero de combate **'Averoff'** *(ma-do)*. A las familias les chiflará el ❸ **parque Flisvos** *(parkoflisvos.gr)*, junto al mar con sus parques infantiles y, en verano, el teatro de títeres **Theatro Skion Tasou**

UNA PAUSA
Para buen pescado y marisco, parar en **Sardelaki me Thea,** con vistas al mar y acceso al **Vouliagmeni Bay Free Beach.** En El Pireo, se puede comer algo sencillo en **Margaro** o sofisticado en **Varoulko.**

Makrónisos

Loutsa

Aeropuerto internacional
Eleftherios Venizelos

Braurón (Vravrona)

Porto Rafti

Lavrio

Spata

Markopoulo

☗ Cabo Sunio
Sunio
Templo de Poseidón

9 Legrena

Keratea

Kalyvia

Patroclo

Peania

Monte Himeto

Koropi

Anavissos

Arsida

7 Lagonisi

Costa
de Apolo

Varkiza

Limanakia
8
5
Kavouri
6
Vouliagmeni

★ Atenas

Palio
Faliro

Glifada

Fleves

Flisvos
1
2
3

Voula

4

Alimos

Agios Kosmas

Pireo

Golfo
Sarónico

Perama

0   10 km

◈ N

Konsta *(fkt.gr).* Es en griego, pero el humor es de golpes y porrazos, y hay mucha música.

En verano, se puede ver una película al aire libre en el **Cine Flisvos** *(cineflisvos.gr)* y en lugar de palomitas, comprar *loukoumadhes* (buñuelos con helado) o una *kalamaki* (brocheta de cerdo).

Centro de los clubes de playa

El ostentoso **Glifada** es el mejor lugar de la Riviera de Atenas para *boutiques* estilosas, restaurantes y bares de moda cerca de los clubes de playa; aquí también está la ❹ **Sociedad de Protección de Tortugas Marinas de Grecia** *(archelon.gr),* que ofrece visitas guiadas gratuitas.

Lago donde bañarse todo el año

En el extremo sur de Vouliagmeni y al borde de un acantilado, ❺ **Limni Vouliagmenis** *(limnivoulia gmenis.gr; adultos/niños/menores de 5 años 17/14 €/ gratis)* es un lago de agua termal rica en minerales, nunca a menos de 21°C.

Paradas de playa

Al norte de Vouliagmeni, las públicas ❻ **playas Kavouri** tienen tabernas junto al mar y un paseo agradable y arbolado.

Son más económicas y están menos urbanizadas cuanto más al sur se va. A partir de ❼ **Lagonisi** las vistas son mejores desde la espectacular carretera costera. Se pueden buscar calas salvajes y de roca en ❽ **Limanakia** (comunicadas por los autobuses urbanos), que frecuentan los naturistas. En verano **Lefteri's Canteen** ofrece tentempiés.

Otra opción sería tumbarse en la larga ❾ **Legrena** de arena ambarina. Los fines de semana se llena, pero entresemana suele estar vacía, y se puede ir a las tabernas tradicionales del pueblo que hay detrás.

PONERLO FÁCIL
Entre el puerto deportivo de Flisvos, Glifada y sus playas hay un carril-bici y un paseo para caminar/correr. Al atardecer, los vecinos salen a pasear.

SALIR DE FIESTA
Muchos clubes de playa se transforman en discotecas de verano. De hecho, aquí es donde toda la fiesta de Atenas se traslada en verano. Mejor llevar ropa de noche en la bolsa de playa.

⭐ **MERECE LA PENA**

Templo de Poseidón en Sunio

De todos los lugares de interés de la costa ateniense, lo que hay que ver sí o sí es el cabo Sunio, una península rocosa que se adentra al Egeo, 70 km al sur de Atenas, con sus templos dedicados a Poseidón y Atenea. El templo de Poseidón es apasionante.

PLANO: P. 172

CONSEJO
El yacimiento abre de 9.30 al atardecer y se puede entrar hasta 20 min antes del cierre. En verano, para evitar las aglomeraciones y los autobuses turísticos, mejor ir a primera hora de la mañana o al atardecer.

Escanea este código QR para horarios e información sobre entradas (adultos/ niños 10 €/gratis).

El recinto del templo

Este templo enamorará: un conjunto de relucientes columnas dóricas de mármol blanco en la cima de un rocoso espolón cortado a pico sobre el mar (a 65 m). Se empezó a construir en el año 444 a.C., más o menos como el Partenón, con mármol de la cercana Agrilesa. En la Antigüedad los navegantes sabían que estaban cerca de casa cuando divisaban el mármol blanco. Las vistas desde el templo son igual de impresionantes, con las islas de Kea, Citnos y Serifos al sureste, y Egina y el Peloponeso al oeste, si hace un día claro.

Probablemente su arquitecto fue Ictino, el mismo que construyó el templo de Hefesto en el Ágora antigua de Atenas. Se conservan 16 de las esbeltas columnas.

Hay carteles con información en el yacimiento, que también alberga las ruinas de una **torre fortificada,** de dos **cobertizos para barcos** (la zona era un antiguo centro naval), y en una colina más baja al noreste, las ruinas dos **templos a Atenea** del s. VI a.C.

Lord Byron, entre otros, se sintió inspirado por el templo y en su poema *Don Juan* escribió: "Lleadme al marmóreo farallón de Sunio / donde nada, salvo las olas y yo mismo / pueda oír nuestros murmullos mutuos". Quedó tan impresionado por Sunio que labró su nombre en una de las columnas.

SVEN HANSCHE/SHUTTERSTOCK ©

Museos fuera del yacimiento

El pequeño **Museo Arqueológico** *(odysseus. culture.gr; adultos/niños 3 €/gratis; lu cerrado)* en **Lavrio,** 9 km al norte de Sunio y 60 km al sureste de Atenas, exhibe hallazgos descubiertos en Sunio, como hace el Museo Arqueológico Nacional (p. 128) de Atenas.

Lo básico

La forma más fácil de ir a Sunio es en coche (2 h por la carretera costera) o en un circuito de un día desde Atenas. KTEL *(ktelattikis.gr; 12,50 € ida y vuelta)* fleta tres autobuses diarios (uno para coincidir con el atardecer) desde la **Terminal Mavromateon** de Atenas; también paran cerca de Syntagma.

Se puede alquilar una tumbona o buscar un espacio libre en la arena en la **playa de Sunio** para bañarse con vistas al templo.

UNA PAUSA
Tomar algo en el café **Naos** del yacimiento con sus vistas, o bajar por la pendiente a la playa de Sunio y las tabernas de pescado y marisco en el **Aegeon Beach Hotel** o **Akrogiali.**

Bodegas del Ática

La soleada tierra del Ática, que rodea Atenas, ha estado produciendo excelentes variedades de uva desde la Antigüedad. Visitar una o más bodegas con un experto es una forma fantástica de conocer la emergente y moderna industria vitivinícola griega y, de paso, probar vinos deliciosos.

CONSEJO
Para visitar las bodegas hay que llamar unos días antes. Casi todas están cerca de Atenas, y la mejor manera de llegar es en coche o taxi.

Mientras se recorren los viñedos, visitar ruinas cercanas como **Ramnous,** el **templo de Artemisa** en Braurón y el **campo de batalla y tumba de Maratón,** observar aves en el **Parque Nacional de Schinias-Maratón,** o seguir con un circuito de actividades (p. 16).

Patrimonio y tradición

Grecia produce vino desde hace milenios, y hay viñedos que no han dejado de producirlo desde la Antigüedad. Sin embargo, en las últimas décadas, una nueva hornada de viticultores ha invertido en todas las fases de producción, propiciando que los vinos griegos ocupen por fin su lugar en el panorama mundial. Existen 200 variedades regionales distintas, muchas con Denominación de Origen Protegida. En el Ática se encuentra la mundialmente famosa retsina, antaño considerada inferior pero que ahora está recuperando su calidad. Las uvas más frecuentes de esta región son savatiano, roditis y malagouzia, pero últimamente hay otras variedades –autóctonas y foráneas– que casan las cualidades esenciales de las uvas con el clima y *terroir* griegos.

Deleite de los sentidos

Hay que visitar una bodega para saber cómo se elabora vino en Grecia, pasear entre viñedos, echar un vistazo a las bodegas y, como no, saborear vinos, normalmente acompañados de exquisiteces igual de ricas. En casi todas se ofrecen visitas guiadas, catas y la posibilidad de comprar botellas directamente a los productores. Las fincas más grandes tienen su propio museo del vino y organizan even-

THEASTOCK/SHUTTERSTOCK ©

tos como conciertos, clases maestras y actividades
para toda la familia.

Brindar por ello

Oenotria Land (Domaine Costa Lazaridi) se
fundó en Kapandriti en el 2000. Es otra bodega
de la famosa firma Drama.

Kokotos Estate es una bodega familiar que produce vinos ecológicos desde hace más de 40 años.

Strofilia Estate está en Anavyssos, pero también en Nemea, la famosa región del agiorgitiko
en el Peloponeso.

Nikolou Winery lleva produciendo vinos en
Koropi, cerca de **Domaine Vassiliou,** desde hace
un siglo y medio.

Zeginis Winery está cerca del yacimiento
arqueológico de Ramnous en Maratón.

Domaine Papagianakos es una bodega
bioclimática construida en el lugar de un antiguo
monasterio, 5,5 km al sur del templo de Artemisa
en Braurón.

UNA PAUSA
En la colina
que preside
Maratón, el
rústico y familiar
**Archontiko
tou Lekka,** en
unos establos
rehabilitados,
se especializa
en cordero a la
brasa. La taberna
Panormitis,
de pescado y
marisco, da al
extremo norte de
la playa pública
de Maratón.

177

Guía práctica

Plaka (p. 77) y la Acrópolis (p. 40).
KONSTANTINOS DIMITROS/SHUTTERSTOCK ©

Viajar en familia

Atenas anda escasa de parques infantiles, pero entre helados, músicos callejeros y ruinas gigantes, los niños estarán más que entretenidos. Además ayuda que sean bienvenidos en todas partes; en los restaurantes informales a menudo se les anima a jugar mientras los adultos comen.

Comer

La mayoría de restaurantes sirven raciones más pequeñas para los niños. Pedir muchos *mezedhes* (platillos) para que prueben muchas especialidades locales. Sin embargo, no suelen tener tronas, por lo que se recomienda llevar un asiento elevador hinchable o de tela. Hay pocos restaurantes (y establecimientos públicos) que tengan cambiadores.

PLAYAS

Las playas con el agua más limpia (¡más de 600!) se encuentran en *geogreece.gr*. Escanea este código QR para dar con las mejores playas para los niños o usar la *app* SafeWaterSports.

Cunas y sillas de coche

Casi todos los hoteles (pero raras veces los económicos o habitaciones en islas remotas) tienen cunas; se debería preguntar al reservar la habitación. En Grecia, las sillas de coche son obligatorias para niños de hasta 135 cm de altura y 12 años de edad. Si se alquila un coche, hay que reservarla con antelación o llevar la propia.

DEN ROZHNOVSKY/
SHUTTERSTOCK ©

Visitas turísticas

Los antiguos monumentos de Grecia superan con creces a los libros de texto. Preparar a los niños para hacer turismo con libros infantiles de mitología griega, o con el *podcast* Greeking Out.

Todo está en griego

Enseñar palabras en griego a los niños para que sean, incluso, mejor recibidos.

Descuentos

Los menores de 4 años viajan gratis en ferris, autobuses y trenes. Los menores de 10 o 12 años pagan la mitad del billete. Los menores de 12 años obtienen descuentos en los vuelos. Los lugares de interés suelen ser gratis o a mitad de precio.

Alojamiento

En Atenas los hay de todo tipo. Los mejores se deben reservar dos meses antes, pero en verano, cuatro meses antes. Hay pocas piscinas, y el wifi es muy lento incluso en los alojamientos de precio alto.

Si te gusta...

 Monumentos antiguos y lugares turísticos

Syntagma y Plaka (p. 77) Siempre está animado, y cerca de la Acrópolis. Centro del turismo (para bien o para mal). Syntagma cuenta con habitaciones más grandes con las mejores instalaciones.

CUÁNTO CUESTA

Cama en dormitorio colectivo **desde 35 €**

Apartamento suite **desde 80 €**

Hotel-*boutique* **desde 250 €**

IMPRESCINDIBLE

Nos encanta...
Monastiraki y Psiri (p. 59)

Pasear por el barrio de cafés, tiendas y bares del centro siempre es interesante. Las suites de diseño ofrecen una fabulosa relación calidad-precio y son cómodas, con una cocina auxiliar. Muy bien comunicado en metro desde el aeropuerto y el puerto de El Pireo ¿El inconveniente? El ruido de los bares, hasta las 4.00 los fines de semana.

Sensación de barrio y cerca de los lugares de interés

Zona de la Acrópolis (p. 37) Ambiente vecinal en los cafés, bares y tiendas de Makrygianni y Koukaki, está 15 min a pie de la zona del Museo de la Acrópolis, siempre abarrotada.

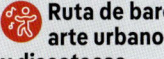 **Tiendas chic y vida moderna**

Kolonaki (p. 95) Tranquilo, arbolado y elegante, cerca del Jardín Nacional y de muchos museos. A 30 min a pie o a un corto trayecto en metro de Plaka o Monastiraki.

Ruta de bares, arte urbano y discotecas

Gazi y Keramikos (p. 155) Los márgenes *hipster*, con buenos bares. Gazi es ruidoso de noche. Quizá mejor evitar Metaxourgio porque por la noche es sórdido.

 Vida de día en Atenas y cafés-bares

Pangrati y Mets (p. 111) A la última, con buenos restaurantes, más familias y personas mayores. No es tan céntrico. Se puede ir a la Acrópolis en autobús o a pie (20 min).

Comida, bebida y fiesta

Alergias e intolerancias

Muchos platos griegos se hacen con verduras, o tienen una base de legumbres como *fava* (puré de arvejas) y *revythia* (garbanzos guisados), de modo que los vegetarianos disfrutarán. Cada vez hay más restaurantes veganos y vegetarianos en Atenas, y las cartas ofrecen alternativas.

CÓMO SE DICE

Soy alérgico/a a... *Eimai allergikos/allergiki sto... (m/f)*

frutos secos	*xiri karpi*
marisco	*thalassina*
productos lácteos	*alaktokomika trofima*
gluten	*glouteni*

?

CÓMO PREGUNTAR

¿Es sin gluten?
Einai afto horis glouteni?

¿Lleva frutos secos?
Perichei xirous karpous?

¿Lo hay en versión vegana?
Iparhei epilogi vegan?

SENTARSE A LA MESA

Cuando uno se siente a una mesa, alguien colocará una cestita con servilletas y cubiertos. Acto seguido se servirá el pan y, en los lugares turísticos, quizá una botella de agua (que cobrarán); de no quererla y preferir agua del grifo, hay que pedir *nero ap ti vrissi*.

Costumbres

Los griegos almuerzan a las 14.00 y cenan a las 21.00 o más tarde. Las *ouzeries* y *mezedhopoleia* informales sirven platillos con bebidas. En las tabernas no hay código de vestimenta, pero en los restaurantes de moda, hay que arreglarse un poco y reservar los fines de semana, o ir antes.

Cómo pagar la cuenta

Cuando se pida, conviene saber que los griegos suelen pedir platos "para la mesa", o sea raciones pensadas para compartir, y si se come con griegos, normalmente una persona paga toda la cuenta.

El servicio parece lento, pero las comidas son momentos sociales para disfrutar sin prisas. Las mesas no se recogen hasta que se pida la cuenta (y hay que pedirla, no la traen), que en lugares tradicionales llega con frutas o dulces de cortesía y/o un chupito de licor.

El servicio está incluido, pero mucha gente deja una propina en metálico de un 10%, o redondea la cuenta.

GUÍA PRÁCTICA
COMIDA, BEBIDA Y FIESTA

PRECIOS

Los siguientes precios corresponden al coste medio de un plato principal:
€ menos de 10 €
€€ 10-20 €
€€€ más de 20 €

HORARIOS

Cafés 9.00-0.00
Bares 18.00-2.00 o 4.00
Restaurantes 12.00-24.00

Salir

Horario Los bares se animan a partir de las 23.00 y cierran a las 2.00 (4.00 los fines de semana). El transporte público deja de funcionar o pasa con menos frecuencia a partir de las 24.00, pero los taxis son económicos. Las discotecas más grandes abren de septiembre a mayo a eso de medianoche.

Barrios Psiri y el norte de Syntagma para bares interesantes. Gazi y Kolonaki para discotecas sofisticadas y caras. Las copas y la música en directo son más económicos en Keramikos o Exarchia. Los bares (sobre todo en Plaka, Psiri y Exarchia) ofrecen conciertos por la noche y los domingos por la tarde.

Verano Los atenienses salen hacia las macrodiscotecas de la costa en Glyfada, a la que llega el tranvía. Si se reserva para cenar, la entrada no se paga; de no ser así, cuesta 12-30 € e incluye una consumición.

Agenda Descubrir lo que hay en *cultureisathens.gr*, *ekathimerini.com*, *athensinsider.com*, *thisisathens.gr* y *elculture.gr*.

CUÁNTO CUESTA

Café
1,50-4 €

Yogur
2-4 €

Cerveza
3-6 €

Cóctel
8-16 €

Ensalada griega
8-9 €

Almuerzo en una taberna
20-25 €

Cena en un restaurante top
Desde 90 €

Helado
2-3 €

ANTON STARIKOV/SHUTTERSTOCK ©

Comunidad LGTBIQ+

La reputación de Grecia como cultura milenaria LGTBI-*friendly* a veces choca con las costumbres ortodoxas, sobre todo fuera de Atenas; por ejemplo, el matrimonio gay no se legalizó hasta el 2024.

Cultura 'queer' griega

En la mitología griega hay muchas historias de relaciones entre personas del mismo sexo. El concepto de orientación sexual aparentemente no existía, y las libertades sexuales florecieron más que en muchos lugares hoy. Hércules vestía como una mujer, Patroclo era el joven amante de Aquiles, la diosa Artemisa estaba unida a Atenea, Apolo tuvo muchos amantes, etc.

Hoy, el centro de creación ateniense **The Queer Archive** *(thequeerarchive.com)* promueve el desarrollo del arte y cultura *queer,* a través de proyectos de arte, conferencias y talleres. En mayo, organizan el **Queer Archive Festival** en Atenas con el apoyo de la Fundación Onassis Stegi. Exhibe arte *queer* emergente y organiza sorprendentes fiestas, conciertos y experiencias inmersivas en colaboración con marcas, discotecas y organizaciones.

IMPRESCINDIBLE

La zona de Gazi

Para vida nocturna, Gazi es el principal centro LGTBI de Atenas, con macrodiscotecas y barecitos que están bien. También hay cafés LGTBI-*friendly* en torno a Plateia Agia Irini, y en Metaxourgio y Exarchia. **Alternative Athens** organiza rutas por los bares de estos barrios.

FIESTA DEL ORGULLO

La escena de Atenas no decae; al revés, cada vez es más un reclamo internacional. El Athens Pride *(athenspride.eu),* en junio, lleva siendo un evento anual desde el 2005.

ZMOTIONS/SHUTTERSTOCK ©

BEQUEER

Chraja y Filothei son dos famosas artistas que critican el patriarcado en espectáculos *drag* en **BeQueer** (p. 169).

Recursos

● **thisisathens.org** Consejos sobre cultura y vida nocturna. ● **athensinfoguide.com** Guía general sobre el mundo gay en Atenas. ● **queerintheworld.com** Información sobre Grecia LGTBIQ+.

Salud y seguridad

La delincuencia ha crecido en Atenas. Pero se partía desde casi cero, y los delitos con violencia en la calle apenas existen.

URGENCIAS Y POLICÍA TURÍSTICA

En caso de urgencia, llamar al 112. **SOS Doctors** (*sosiatroi.gr; 1016*) es un servicio de pago con médicos que hablan inglés y hacen visitas a domicilio. La policía turística (171) trabaja con la policía griega (astynomia.gr). Para quejas sobre hoteles, taxis o empresas turísticas, dirigirse a ellos; en las oficinas hay alguien que habla inglés.

Delincuencia y timos

Por la noche hay que vigilar, sobre todo en Metaxourgio y en las calles al suroeste de Omonia, que frecuentan prostitutas y drogadictos.

El robo de teléfonos crece, y los carteristas actúan sobre todo en la línea verde del metro (Piraeus–Kifisia), en Omonia y Athinas y en el mercadillo de Monastiraki. El objetivo de los timadores son los hombres que viajan solos. Cuidado con las invitaciones a bares, que pueden acabar con cuentas desorbitadas y/o bebidas adulteradas.

Cánnabis

La legislación griega sobre drogas es de las más estrictas de Europa. El consumo recreativo de cánnabis es ilegal.

A TENER EN CUENTA

Farmacia de guardia
En las farmacias figura un cartel con las farmacias de guardia más cercanas, o se puede llamar a 1434 (solo en griego); farmacia de 24 h en el aeropuerto.

Drogas
Ser sorprendido en posesión o consumo de drogas es probable que termine con multas y/o prisión.

Agua
La del grifo es potable.

Huelgas

Pueden alterar el funcionamiento del transporte público y cerrar lugares de interés y tiendas, pero casi siempre se anuncian con antelación. Las manifestaciones suelen empezar o terminar en Plateia Syntagmatos. Dada la frecuencia de huelgas en Atenas y alrededores, se recomienda contratar un seguro de viaje. Consultar las huelgas previstas en *apergia.gr*.

— **INCENDIOS** —

Los veranos calurosos están provocando intensos incendios forestales. Registrarse en *civilprotection.gov.gr/en/112* para recibir alertas.

Turismo responsable

Hay que aprovechar las oportunidades para informarse de lo que pasa y hacer lo posible por minimizar el impacto durante la visita.

Evitar el sobreturismo

Viajar entre septiembre y abril para evitar el pico estival –35 millones de personas visitaron Grecia en el 2024–. Llegar a los puntos de interés cuando abren, o esperar al final del día cuando hay menos gente. Atenuar el impacto visitando espacios verdes como la **colina de Filopapo** (p. 145), el **monte Licabeto** (p. 102), el **Jardín Nacional** (p. 85), el **parque Stavros Niarchos** (p. 171) y la **colina de Strefi** (p. 135).

Productos sostenibles

Procurar usar productos hechos de forma sostenible. Cada vez hay más gamas de productos, sobre todo cosméticos y para el bienestar, que se hacen de forma ecológica y sostenible: se venden en **Apivita** (p. 104), **Korres** (p. 93) y **Michalis Alexandrakis** (p. 105).

DESDE ARRIBA: ANAKUMKA/SHUTTERSTOCK ©, ARTIOM PHOTO/SHUTTERSTOCK ©

IMPRESCINDIBLE

Preocupaciones locales

Averiguar qué hace el activismo local. Fenix Humanitarian Legal Aid *(fenixaid. org)*, p. ej., atiende a los refugiados que llegan a Grecia.

Dejar menos huella

No derrochar agua. En el alojamiento, reutilizar las toallas de baño. Optar por quedarse más tiempo pero en menos sitios y apagar el aire acondicionado. Comer productos locales y de temporada, y llevar siempre una botella de agua reutilizable.

Recursos

● **ekathimerini.com** Noticias locales y actualidad; su *podcast* es Greek Current.

● **commonseas.com** Ayudar a reducir los residuos plásticos en un 50% para el 2030.

Caminar por el centro urbano, tomar el metro, el tranvía y el autobús, o incluso una bici. Una ruta ciclista va de Gazi a la costa. Varios establecimientos alquilan bicicletas, como **Funky Ride** (p. 54) y **Solebike** (p. 54).

Apoyar lo local

Comprar a creadores locales. Como el turismo es el único sector en auge de la economía, los artistas y los diseñadores han volcado su creatividad en ingeniosos productos de temática griega. Echar un vistazo a Athena Design Workshop *(athenadesignworkshop. com)* y **Koukoutsi** (p. 137).

Elegir productos que ayuden. **Wise Greece** *(wisegreece.com)* dona parte de sus beneficios para comprar alimentos a personas necesitadas. **Waterbags** *(waterbags. gr)* venden en muchos establecimientos; consultar su web.

APORTAR ALGO

Comer o comprar en **Shedia** (p. 71), sin ánimo de lucro, que da trabajo y empodera a personas que han vivido en la calle o sufrido exclusión social.

Visitar y colaborar con **Archelon** *(archelon.gr)* en su centro de rescate en Glyfada, que trabaja para proteger a las tortugas que desovan en las playas.

🌍 El cambio climático y los viajes

Es imposible ignorar el impacto de nuestros viajes y la importancia de hacer cambios. Lonely Planet anima a todos los viajeros a involucrarse en su huella de carbono. Muchas webs de líneas aéreas y sitios de reservas ofrecen la opción de compensar el impacto de los gases de efecto invernadero realizando donaciones para iniciativas respetuosas con el clima en todo el mundo.

La **UN Carbon Offset Calculator** (calculadora de emisiones de carbono de la ONU) muestra cómo afecta volar a las emisiones por vivienda.

La **calculadora de emisiones de carbono de la OACI (Organización Internacional de Aviación Civil)** permite a los visitantes medir el CO_2 generado por los viajes.

Accesibilidad

Transporte

Las compañías aéreas y el aeropuerto de Atenas ofrecen un servicio de asistencia. Las estaciones de metro tienen ascensores. Special Taxi (specialtaxi.com) tiene vehículos adaptados para sillas de ruedas. Casi todos los autobuses tienen elevadores. Hay descuentos en los autobuses públicos.

Los ferris nuevos tienen rampas, ascensores y servicio de asistencia. Los hay con camarotes acondicionados para sillas de ruedas. El puerto de El Pireo y la línea azul del metro (M3) están adaptados para sillas de ruedas.

Playas

Seatrac (seatrac.gr) es un servicio gratuito que ofrece acceso al mar por pasarelas en la arena, y otros dispositivos en muchas playas griegas. La mayoría de playas de Seatrac también cuentan con *parking*, vestuarios y zonas a la sombra.

ADAPTACIONES Y DISPOSITIVOS DE ASISTENCIA

Los Juegos Paralímpicos del 2004 mejoraron la accesibilidad en Atenas, pero las callejas de mármol y escalonadas siguen siendo complicadas. Raras veces se tienen en cuenta las discapacidades visuales y auditivas, pero hay superficies podotáctiles.

IMPRESCINDIBLE

★

La **Acrópolis** (p. 40), el **Museo de la Acrópolis** (p. 46) y el **Museo Arqueológico Nacional** (p. 128) son accesibles. Cuando se vaya a la Acrópolis, llamar antes para reservar el ascensor, y pedir al taxi que deje al lado (en el lado noroeste de la colina). En la colina, utilizar las rutas marcadas. En la Acrópolis (y en casi todos los museos y puntos de interés) las personas con discapacidad pueden entrar gratis o con descuento.

RECOGER INFORMACIÓN

Más información sobre la accesibilidad en Atenas en las Guías de Grecia de Matt Barrett *(greecetravel.com/handicapped)*, de Sage Traveling *(sagetraveling.com/athens-accessible-travel)*, de National Confederation of Disabled People *(edf-feph.org)*, de la Confederación Nacional de Personas con Discapacidades *(esamea.gr)* y de Perpato *(perpato.gr)*.

Recursos

● **disableaccessibletravel.com** Organiza circuitos y traslados para personas en silla de ruedas y con necesidades especiales.

Lo esencial

Horario comercial

Los siguientes horarios son de temporada alta; en temporada baja se reducen. Muchos establecimientos pequeños cierran 2 h para el almuerzo.

Bancos 8.30-14.30 lu-ju, 8.00-14.00 vi

Cafés 9.00-24.00

Bares 18.00-2.00 o 4.00

Discotecas 22.00-4.00

Restaurantes 12.00-23.00 o más tarde

Tiendas 9.00-17.00 lu, mi y sa; 9.00-14.30 y 17.00-20.00 ma, ju y vi. Excepción: las tiendas turísticas de Plaka abren hasta tarde.

A TENER EN CUENTA

Hora local EET/UTC+2

Código del país 30

Emergencias 112

Población 10,44 millones de hab.

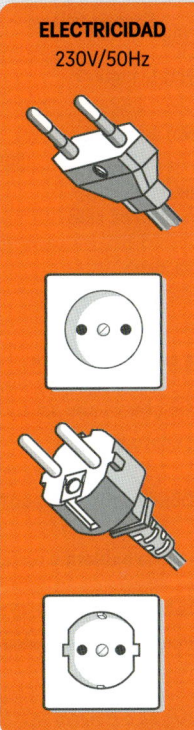

ELECTRICIDAD
230V/50Hz

Fiestas oficiales

Los bancos, tiendas y casi todos los museos y yacimientos antiguos cierran durante estas fiestas y en fiestas ortodoxas como la Pascua Griega, cuyas fechas cambian. Las tiendas pequeñas, sobre todo en las zonas turísticas, pueden estar abiertas.

Año Nuevo 1 de enero

Epifanía 6 de enero

Primer domingo de Cuaresma Febrero

Día de la Independencia de Grecia 25 de marzo

Viernes Santo Abril/mayo

Pascua Ortodoxa Domingo abril/mayo

Día del Trabajador (Protomagia) 1 de mayo

Día de la Asunción 15 de agosto

Día del Ohi 28 de octubre

Navidad 25 de diciembre

Día de San Esteban 26 de diciembre

Tabaco y alcohol

Está prohibido fumar en espacios públicos cerrados como restaurantes y bares, aunque a veces hacen la vista gorda. La edad legal para comprar o beber alcohol es 18 años, aunque, una vez más, la aplicación de la ley puede ser irregular.

Idioma

Lo básico

Hola.
Γεια σου *yia su*

Adiós.
Αντίο *an·di·o*

Sí.
Ναι *ne*

No.
Όχι *o·hi*

Por favor.
Παρακαλώ
pa·ra·ka·lo

Gracias.
Ευχαριστώ
ef·ha·ri·sto

Perdón.
Συγγνώμη
sigh·no·mi

💬 Frases útiles

¿Habla inglés?
Μιλάς αγγλικά; *mi·la·s an·gli·ka*

(No) entiendo.
(Δεν) καταλαβαίνω *(dhen) ka·ta·la·ve·no*

Quisiera ...	Θα ήθελα …	*tha i·the·la...*
una taza de café	ένα φλυτζάνι καφέ	*e·na fli·dza·ni ka·fe*
una mesa para dos	ένα τραπέζι για δύο άτομα	*e·na tra·pe·zi ya dhi·o a·to·ma*
una cerveza	μία μπύρα	*mi·a bi·ra*

La cuenta, por favor.
Το λογαριασμό, παρακαλώ
to lo·ghar·ya·zmo pa·ra·ka·lo

¿Cuánto cuesta?
Πόσο κάνει; *po·so ka·ni*

¿Dónde está el lavabo?
Πού είναι η τουαλέτα; *pu i·ne i tu·a·le·ta*

¿Podría hablarme un poco más despacio?
Θα μπορούσες παρακαλώ να μιλάς πιο αργά;
tha bo·ru·ses pa·ra·ka·lo na mi·las pio ar·gha

¿Puede traer una bolsa /recibo, por favor?
Μπορώ να έχω μια σακούλα/
απόδειξη, παρακαλώ;
bo·ro na e·kho mia sa.ku.la/a·po·dhik·si pa·ra·ka·lo

Números

 ένα
e·na

 δύο
dhi·o

 τρία
tri·a

 τέσσερα
te·se·ra

 πέντε
pen·de

Información útil

El alfabeto griego asusta un poco, pero con algo de práctica se reconocerán rápidamente los caracteres.

El alfabeto griego moderno consta de 24 letras, muchas también se utilizan en el alfabeto latino. Sin embargo, algunas inducen a engaño porque se parecen a las latinas pero no se pronuncian igual.

La pronunciación griega utiliza los mismos símbolos que en español, salvo el signo de interrogación, que se escribe como punto y coma (;).

UNA LARGA HISTORIA

Se cree que el griego es uno de los idiomas europeos más antiguos, con una tradición oral de 4000 años y una tradición escrita de 3000 años (aprox.).

Señalización

Είσοδος Entrada
Έξοδος Salida
Ανοιχτός Abierto
Κλειστός Cerrado
Τουαλέτες Aseos
Γυναικών Mujeres
Ανδρών Hombres
Απαγορεύεται η
Είσοδος No pasar
Σταθμός τρένου
Estación de trenes
Αεροδρόμιο Aeropuerto
Οδός Calle
Τραβάω Tirar
Σπρώχνω Empujar
Μη καπνίζοντες
No fumar

Avisos

Πόσες νύχτες; *po·ses nikh·tes*
¿Cuántas noches?
Μπορώ να σας βοηθήσω; *bo·ro na sas vo·i·thi·so*
¿Puedo ayudarle?
Τι θα θέλατε; *ti tha the·la·te* **¿Qué le gustaría?**
βίζα *vi·za* **visado**
διαβατήριο *dhia·va·ti·ri·o* **pasaporte**

─── **¿QUIÉN HABLA GRIEGO?** ───

El griego es la lengua oficial de Grecia y cooficial de Chipre; además, la hablan las comunidades emigrantes en Turquía, Australia, Canadá, Alemania y EE UU. Hay más de 13 millones de hablantes de griego en todo el mundo.

6
έξι
e·xi

7
επτά
ep·ta

8
οκτώ
ok·to

9
εννέα
e·ne·a

10
δέκα
dhe·ka

191

Índice

Puntos de interés p. 000
Págs. de los planos **p. 000**

Véase también los subíndices:

🟢 **Comer p. 196**

🔵 **Beber p. 197**

🟣 **Comprar p. 198**

 **Comer**

Beber

Comprar

La opinión del lector

Nos encanta escuchar a los viajeros, ya que con sus comentarios nos ayudan a mejorar nuestros libros. Podéis escribirnos a lonelyplanet.com/contact; leemos todos los mensajes y garantizamos que estos lleguen a los autores.

Nota: Es posible que algunos fragmentos de estos mensajes aparezcan en nuevas ediciones de las guías Lonely Planet, en la web o en productos digitales. Si preferís que vuestro contenido o nombre no sean publicados, por favor, indicadlo claramente. Para obtener una copia de nuestra política de privacidad, podéis visitar lonelyplanet.com/legal.

geoPlaneta
Av. Diagonal 662-664, 08034 Barcelona
www.geoplaneta.com – www.lonelyplanet.es
Lonely Planet Global Limited
Lonely Planet Global Limited, Digital Depot,
The Digital Hub, Dublín D08 TCV4, Irlanda
www.lonelyplanet.com
Contacta con Lonely Planet en: lonelyplanet.com/contact

Atenas de cerca
6ª edición en español – julio del 2025
Traducción de *Pocket Athens*, 7ª edición – mayo del 2025
© Lonely Planet Global Limited
1ª edición en español – septiembre del 2012

Editorial Planeta, S.A.
Av. Diagonal 662-664, 7º. 08034 Barcelona (España)
Con la autorización para la edición en español de Lonely Planet Global Limited, Digital Depot, The Digital Hub, Dublín, D08 TCV4, Irlanda

© Textos y mapas: Lonely Planet, 2025
© Fotografías: según se relaciona en cada imagen, 2025
© Edición en español: Editorial Planeta, S.A., 2025
© Traducción: Ton Gras, 2025

ISBN: 978-84-08-30169-1
Depósito legal: B. 6.063-2025
Impresión y encuadernación: Unigraf
Printed in Spain – Impreso en España